河北省教育科学"十四五"规划 2022 年度立项课题

"中小学冰雪运动与体教融合的实践研究"（立项编号：2205109）

中小学冰雪运动
探索与实践

张敬梅　杨　凯　主编

燕山大学出版社

·秦皇岛·

图书在版编目（CIP）数据

中小学冰雪运动探索与实践 / 张敬梅，杨凯主编. —秦皇岛：燕山大学出版社，2024.3
ISBN 978-7-5761-0637-4

Ⅰ．①中… Ⅱ．①张… ②杨… Ⅲ．①雪上运动－教学研究－中小学 Ⅳ．①G633.963

中国国家版本馆 CIP 数据核字（2023）第 255112 号

中小学冰雪运动探索与实践
ZHONGXIAOXUE BINGXUE YUNDONG TANSUO YU SHIJIAN
张敬梅 杨 凯 主编

出 版 人：陈 玉		责任编辑：宋梦潇	
责任印制：吴 波		封面设计：刘馨泽	
出版发行：燕山大学出版社 YANSHAN UNIVERSITY PRESS		电 话：0335-8387555	
地 址：河北省秦皇岛市河北大街西段 438 号		邮政编码：066004	
印 刷：秦皇岛墨缘彩印有限公司		经 销：全国新华书店	
开 本：787mm×1092 mm 1/16		印 张：8.25	
版 次：2024 年 3 月第 1 版		印 次：2024 年 3 月第 1 次印刷	
书 号：ISBN 978-7-5761-0637-4		字 数：155 千字	
定 价：68.00 元			

编写人员名单

主　编：张敬梅　杨　凯

副主编：刘　畅　刘海悦　李海鹏

编　委：（按姓氏笔画排序）
石晓林　冯　玮　杨　帆　杨　艳
杨梦莹　赵　宁　秦　岭　翟萌萌

前　言

　　《中小学冰雪运动探索与实践》由秦皇岛市海港区逸城学校组织编写、燕山大学出版社出版，是河北省教育科学"十四五"规划2022年度立项项目成果。在北京冬奥会"带动三亿人参与冰雪运动"目标的引领下，全国各地的冰雪运动场馆和参与冰雪运动的人群尤其是青少年越来越多，冰雪运动已然成为"体教融合的热选载体"，全国青少年对优质的冰雪运动教学资源需求也更加迫切。《中小学冰雪运动探索与实践》的推出，将进一步推动冰雪运动在青少年群体中普及，切实助力体教融合发展，推进体育强国建设。

　　《中小学冰雪运动探索与实践》立足于秦皇岛地域特色和学校教学实际，内容包括轮滑、冰球、冰壶、滑雪等四部分，在内容体系、课程设置、基于需求解决问题、教材教育价值、教师教学服务等方面进行创新研究。编写组面对河北省现状，在用得上和针对性强上下功夫，根据青少年身体和心理发育的规律和特点，进行有针对性的动作教学，对轮滑、冰球、冰壶、滑雪运动的基本技术技能进行了系统梳理，为冰雪运动的教学提供了切实可行的操作程序。同时，本教程还涵盖了冰雪运动知识概述、赛事与礼仪文化以及冰雪运动常见损伤的预防及应急处理等实用性较强的内容，为学校开设冰雪课程提供了实践依据，为校园冰雪项目教师提供了教学参考。

　　根据总体部署与安排，2021年秦皇岛市海港区逸城学校组织成立了《中小学冰雪运动探索与实践》编写组。《中小学冰雪运动探索与实践》编写工作得到秦皇岛市体育局、海港区教体局的大力支持，并于2022年3月正式开始编写。本教程填补了河北省中小学校园冰雪运动教材的空白。

续北京冬奥之精神，寄体育强国之愿望。《中小学冰雪运动探索与实践》的出版发行，将在后冬奥时代，为校园冰雪运动的开拓与发展提供直接指导，将有效推动冰雪运动校本化进程。青少年是实现"带动三亿人参与冰雪运动"的生力军，通过推广普及校园冰雪运动，不断丰富体育教学活动内容，传播积极健康的生活方式和发展理念，将有助于点燃青少年参与冰雪运动的热情。当冰雪运动在青少年的成长中扎下坚实根基，体育强国的明天定将更加美好。

燕山大学体育学院

杨广辉

目 录

第三单元　校园冰雪运动实践和创新

第一单元

冰雪运动知识概述

第一章　冰雪运动简介

一、冰雪运动的概念

冰雪运动是指在严寒之中（通常在寒冷的冬季，气温一般在0℃以下）开展的雪上或冰上体育运动。冰雪运动既是人类向自然环境发起的挑战，也体现着人类对挑战自己的渴望，更蕴含着一种在严寒中孕育而生、蓬勃发展的全新健身文化观念。冰雪运动不仅能够锻炼身体，提高身体素质，还能够增强人们的意志力和自信心，让人们在运动中感受到快乐。

二、冰雪运动的分类

冰雪运动分为冰上运动和雪上运动两个大类。从冬奥会项目设置上看，雪上运动的设项数目远多于冰上运动。

三、我国冰雪运动发展历程与现状

早在20世纪60年代初期，滑冰运动就已经开始在我国北方流行，甚至成为部分北方地区冬季娱乐健身的主要活动。70年代末，我国的冰上运动发展达到了第一个高峰期，当时的北方地区，尤其是东北地区的一些大城市如哈尔滨等，几乎所有的中小学、事业单位都在冬季浇筑冰场，不少工厂和机关都有自己的冰球队。但这种盛况并不长久，到了80年代末期，随着我国社会转型，许多企业、单位无法继续得到国家在大众体育活动方面的拨款，各地露天室外冰场逐渐消失，冰上运动逐渐失去了市场。直到1995年《全民健身计划纲要》提出后，我国冰上运动才重新出现了生机。

我国滑雪运动的发展起步较晚，到现在只有10余年的历史。1996年，国内总计只有 9 个滑雪场，而全体国民中会滑雪的人数不到千人。直到近 10 年来，我国经济迅猛发展，滑雪才逐渐被推上了全民健身的舞台，滑雪场的数量与热爱滑雪的人数出现了很大幅度的增长。

目前，我国室外滑冰场因为气候、场地、管理等各种因素的影响，数量不固定，所以无法统计具体的数据。但可以肯定的是，室外滑冰场的数量在逐渐减少——各企业、事业单位、学校等已经逐渐放弃了浇冰的传统，不再通过这种方式在冬天制造室外冰场。近几年滑雪旅游在国内开始变得火热，滑雪场的数量增长很快，全国共有正规滑雪场 180 余家，分布于全国 20 个省、自治区、直辖市，其中大型滑雪场相对较少，中小型滑雪场较多，但大多设备较为简陋，可使用面积、滑道数量、客容量、索道运输等能力远远不及加拿大等冰雪运动较为发达的国家。

四、我国冰雪运动的发展特点

1. 地域性

我国不同地区之间的自然环境和社会环境差异较大，而冰雪运动开展的基本条件是具备冰与雪，这决定了我国东北地区必然成为发展冰雪运动的主要地区。虽然东北地区有着得天独厚的自然优势，但由于东北三省的地理及自然条件不尽相同，冰雪运动的发展也有差异。我们可以看到，自然环境在很大程度上影响了冰雪运动的发展，不少经济条件较好的南方城市也曾试图发展冰雪运动，为克服客观条件带来的障碍，这些城市投入了大量的人力物力。同时，我国也有许多适合开展冰雪运动但经济能力不足的地区。

总体而言，我国各个地区自然条件的差异以及经济发展的不均衡影响了冰雪运动的全面开展。为促进冰雪运动的普及，相关管理部门提出了"北冰南扩"的发展战略，积极推动冰雪运动在我国的发展。

2. 高投入性

冰雪运动区别于其他运动的一大特点就是其对场地的要求非常高，无论是室内外冰场的建造还是滑雪场的整体开发，都需要相关部门提供相当可观的资金作为保障。一些南方城市由于环境的限制，冰场和雪场需要人工制冷，在制冷设备上要花费一笔巨大的资金。由于成本高，这些人工冰场和雪场的门票通常也较为昂贵。除此之外，冰雪运动大多需要专业的设备、服装与技术指导，因此，冰雪运动的开展与普及对有关部门和普通民众的物力和财力都有较高的要求。

3. 高风险性

冰雪运动对运动员的技术要求较高，也极易发生运动事故。因此，无论是滑冰还是滑雪，都必须在特殊的运动场地进行，同时要做好相应的预防和保护措施，加大安全保障，完善相关管理机制，才能最大限度地避免出现不必要的风险。

4. 发展前景乐观

随着我国整体经济水平的提升，居民的生活水平不断提高，人们的娱乐思想观念也不断转变。健身运动和休闲运动吸引了越来越多的群众，而冰雪运动更是以其别具一格的特色吸引了越来越多的、以年轻人为主的、热爱运动的群众参与其中。

冰雪运动的推广，可以很好地带动当地的经济发展。以滑雪为例，首先受益的一定是当地的旅游业，餐饮业、服务业，当地品牌也会随着前来参加冰雪运动的游客的增多而有所发展，体育用品业、健身娱乐业同样会随之受益。

冰雪运动为参与者带来了健康与欢乐，而参与者也为冰雪运动的发展注入了新鲜活力。我国的冰雪运动正处在蓬勃发展的阶段，且仍有巨大的发展潜力，我们应当对其充满信心。

第二章　冰雪运动赛事与礼仪文化

第一节　冰雪赛事介绍

一、国际主要冰雪赛事

1. 世界冰壶锦标赛

世界冰壶锦标赛是除冬奥会外最高水平的冰壶比赛，每年举办一次，由世界冰壶联合会主办，包括世界男子冰壶锦标赛、世界女子冰壶锦标赛和世界混合冰壶锦标赛。2017 年北京世界女子冰壶锦标赛赛徽如图 1-2-1 所示。

（图 1-2-1）

2. 世界高山滑雪锦标赛

世界高山滑雪锦标赛是由国际滑雪联合会组织的一项世界性赛事。高山滑雪是以滑雪板和滑雪杖为工具在山坡专设的线路上快速回转、滑降的一种雪上竞赛项目。高山滑雪诞生于 1907 年，1924 年被纳入国际滑雪联合会。1931

年第一届高山滑雪锦标赛在瑞士米伦举行，1936 年被列入冬奥会比赛项目。高山滑雪由男女速降、回转、大回转、超大回转及两项全能（速降十回转）等 10 个独立的小项组成。

3. 世界冰球锦标赛

世界冰球锦标赛每年举办一届，由国际冰球联合会（International Ice Hockey Federation）主办。它的前身是从 1910 年至 1932 年举办的欧洲冰球锦标赛。1920 年夏季奥林匹克运动会上举办了首届世界冰球锦标赛，后来冰球运动进入冬季奥林匹克运动会，在奥运年世界锦标赛和奥运会合二为一，1968 年后才分开举办。2021 年世界冰球锦标赛赛徽如图 1-2-2 所示。

（图 1-2-2）

4. 冬季奥林匹克运动会

冬季奥林匹克运动会，简称为冬季奥运会、冬奥会，是国际奥林匹克委员会主办的世界性冬季项目运动会。冬季奥运会每隔 4 年举办一届，最初与夏季奥林匹克运动会在同一年内举办。1994 年起，冬奥会与夏奥会以 2 年为期相隔交叉举行。第一届冬季奥林匹克运动会于 1924 年在法国的夏慕尼市举行。第 24 届冬奥会于 2022 年 2 月在我国的北京市和张家口市举行。冬奥会滑雪项目丰富多样，包括自由式滑雪、高山滑雪、越野滑雪、单板滑雪、北欧两项、跳台滑雪等。2022 年北京冬奥会会徽如图 1-2-3 所示。

（图1-2-3）

5. 沸雪

沸雪在1993年创立于奥地利因斯布鲁克。比赛时单板选手从高处滑行而下，通过大跳台起跳，可随意表演各种空翻、回转等动作。沸雪自创立起就风靡欧洲，2010年12月在中国首次举办（赛徽见图1-2-4）。2017年沸雪升级成为国际雪联单板滑雪大跳台世界杯六站中的一站，跻身国际A类赛事，并成为2018年平昌冬奥会积分赛。

（图1-2-4）

6. 世界单板滑雪锦标赛

世界单板滑雪锦标赛是世界单板滑雪联合会举办的世界最高水平的单板

滑雪比赛，比赛设有U形池、自由式空中技巧、坡式障碍技巧三个项目的比赛，每4年举办一届。2012年2月第一届单板滑雪世锦赛在挪威奥斯陆举行（赛徽见图1-2-5），第二届世界单板滑雪锦标赛于2016年3月在中国黑龙江省亚布力举行。

（图1-2-5）

7.世界男子速滑锦标赛

世界男子速滑锦标赛创办于1893年，每年举办一届，除在两次世界大战期间停办外，一直延续至今。它是国际滑联最早主办的速滑比赛。世界锦标赛的比赛项目为500米、1500米、5000米和10000米等4项距离的全能比赛。赛事安排为第一天500米和5000米，第二天1500米和10000米。上海2012国际滑联短道速滑世界锦标赛赛徽如图1-2-6所示。

（图1-2-6）

二、国内主要冰雪赛事

1. 红牛南山公开赛

红牛南山公开赛是国内连续举办时间最长的、影响力最大的单板滑雪国际赛事，同时也是亚洲最高级别的单板自由式比赛。内设坡面障碍技巧赛，即Slopestyle，是单板滑雪的比赛类型之一，以赛道长、连续设置多组跳台和道具、充分展现单板动作技巧而成为最具观赏性的比赛项目，于2012年6月被国际奥委会正式列入2014年索契冬奥会的比赛项目。

红牛南山公开赛最初只是雪友们每年雪季末的一场聚会，经过几年的发展，在2007年，第五届红牛南山公开赛（赛徽见图1-2-7）首次被纳入WST（世界单板巡回赛）的前身——TTR（全球积分系统）。（作为单板滑雪运动在全球范围内的权威组织，WST每年在全球举办近百站比赛，比赛共分为六个星级，六星级为最高级别。）

（图1-2-7）

2. 中国杯短道速滑精英联赛

中国杯短道速滑精英联赛是目前国内级别最高、规模最大的短道速滑联赛，全国顶尖的短道速滑运动员都参与其中。比赛设有成年组和青年组，包括男女4圈追逐、9圈追逐、500米、1000米、1500米、女子3000米接力、男子5000米接力以及混合2000米接力等项目。2018年中国杯短道速滑精英联赛赛徽如图1-2-8所示。

（图 1-2-8）

3. 中国冰球联赛

中国冰球联赛由中国冰球协会主办，北京奥众体育发展有限公司承办，北京市冰球运动协会协办。2019 中国冰球联赛在奥众冰上运动中心拉开帷幕，中国首个职业冰球联赛正式诞生。从此，中国国内职业冰球队拥有了属于自己的职业联赛。

4. 全国青年冰壶锦标赛

全国青年冰壶锦标赛由国家体育总局冬季运动管理中心主办，上海市体育局承办，上海市冰壶运动协会协办，是全国冰壶年度赛事之一。

三、中国目前擅长的冬奥赛事项目

中国在自由式滑雪、花样滑冰、短道速滑、速度滑冰等项目上都有出色表现。

1. 自由式滑雪

冬奥会自由式滑雪比赛共设男女空中技巧、男女雪上技巧、男女 U 形池、男女雪坡赛和男女趣味追逐赛等 10 个小项。

自由式滑雪兴起于 20 世纪 60 年代的美国，是在高山滑雪项目的基础上发展而成的。1971 年，美国新罕布什尔州举办了世界上第一次正式的自由式滑雪比赛；1975 年，国际雪联开始举办自由式滑雪世界杯；1986 年，法国阿尔卑斯山的蒂恩镇举办了首届自由式滑雪锦标赛。

2. 花样滑冰

花样滑冰是最受欢迎的冬季运动项目之一。2014 年索契冬奥会花样滑冰共设 5 个小项，分别是男子单人滑、女子单人滑、双人滑、冰上舞蹈和团体舞，其中团体舞首次出现在冬奥会赛场上。

花样滑冰场地长 60 米，宽 30 米，冰面要平滑并保持无线痕。大型竞赛应准备两个同样大小的场地，以便运动员训练。其中一个可安排图形比赛，其他项目可在另一场地进行。规定图形竞赛场地应有适当图形。

花样滑冰要求运动员具备力量、耐力、速度、协调、柔韧、灵活、平衡、优美、稳定等全面素质。

3. 短道速滑

短道速滑的全名是短道速度滑冰，通常设有 8 个小项：男子 500 米、女子 500 米、男子 1000 米、女子 1000 米、男子 1500 米、女子 1500 米、男子 5000 米接力、女子 3000 米接力。

1988 年的卡尔加里冬奥会上，短道速滑被列为表演项目，中国选手李琰获得 1000 米表演赛的冠军。1992 年短道速滑才成为冬奥会正式比赛项目。

短道速滑以速度取胜，因此对运动员的装备有严格的要求，运动员必须戴护盔和防护手套。冰刀管必须是封闭的，刀根必须是圆弧形，最小半径为 10 毫米，刀管最少要有两点固定在鞋上。

4. 速度滑冰

速度滑冰是滑冰运动中历史最为悠久、开展最为广泛的项目。从法国夏蒙尼第一届冬奥会开始，速度滑冰就是冬奥会的比赛项目。比赛现设有男子 500 米、女子 500 米、男子 1000 米、女子 1000 米、男子 1500 米、女子 1500 米、男子 5000 米、女子 3000 米、男子 10000 米、女子 5000 米、男子团体追逐赛、女子团体追逐赛等 12 个小项。

速度滑冰比赛在周长 400 米的跑道上进行，跑道由两条直线和两条半圆形弧线连接而成，分内、外两道，道宽 5 米。内跑道的内圈半径为 25 米，外跑道的内圈半径为 30 米。比赛时每组 2 人，同时起跑，每滑一圈运动员就要交换一次内、外道。

冰雪运动是一项魅力十足的运动，不仅能够锻炼身体，提高身体素质，还能够增强人们的意志力和自信心，让人们在运动中感受到快乐和成就感。因此，我们应该积极参与冰雪运动，享受运动带来的快乐和健康。

第二节　冰雪运动礼仪文化

体育礼仪是指在体育运动或比赛中的参与者（包括参赛运动员、现场观众、管理人员和服务人员等）都应该遵守的礼节和规范，是参加体育赛事活动中的人应该共同遵守的行为准则。奥林匹克运动会中的"公平""更快、更高、更强、更团结"等理念就是体育运动之礼，是体育运动的众多参与者所要践行的礼仪之源。

北京成功申办冬奥会后，由于国人对冬季冰雪运动项目不是很了解，因此，国家加强了对冰雪运动礼仪的宣传和推广，使更多人了解了冰雪运动参赛和观赛的礼仪，提高了大众礼仪意识，规范了大众的参赛和观赛行为。

一、入场礼仪

冰雪运动的入场礼仪和其他体育运动项目有很多相同之处，观众应尽量在观看室内冰上比赛项目时，提前进入比赛场馆，对号入座，不能占据他人座位。雪上比赛项目大多在郊外举行，所以观众在观赛前要做好功课，合理选择去赛场的路线，以免因交通拥堵耽误观看比赛。要按照大会的指示牌或工作人员的引导，从观众通道进入赛场。切记不能从赛会安排的观众入口之外的其他地方进入观众区，因为场馆在野外，容易有危险。观众区大部分在比赛的终点，没有座位，所以观众需站立观赛，要按照先来后到的顺序寻找合适位置，不要拥挤。

二、观看礼仪

观众在观看比赛过程中，主要注意以下几点。

（1）根据比赛项目的要求，保持适度安静。观众在观赛过程中，不要大声喧哗，以免影响他人观赛。

（2）在观看冰雪运动时，要根据比赛的进程和需要，适时鼓掌。观看室内冰上项目，应根据比赛的进程鼓掌喝彩：赛场内介绍运动员时，可以鼓掌喝彩以示鼓励；当裁判员发令时，观众一定要保持安静，为运动员提供安静的比赛环境；运动员在完成比赛后向观众表示感谢时，观众可以鼓掌喝彩和运动员互动。

（3）观众在观看比赛时，不要进入比赛场地。雪上比赛项目的赛道隔离网不高，有些长距离的比赛项目，如在越野滑雪等比赛中，观众进入比赛的赛道，就会干扰运动员，尤其在有些速度非常快的项目中还容易造成事故。

（4）照相时，不要打开闪光灯。观众在观看比赛过程中，遇到自己喜欢的运动员或者喜爱的场景会拍照留念，但拍照时一定不要打开闪光灯，如果闪光灯闪到运动员眼睛，运动员在空中的感觉和动作会受到影响，还可能发生危险，影响整个比赛的进程。

（5）爱护环境，不要随地扔垃圾和废弃物。观看冬奥会比赛时，观众不能往赛道上丢弃任何物品，否则可能导致严重的后果。不向场地内扔杂物也是爱护环境的表现，是做文明观众的基本要求。

三、退场礼仪

观众看完比赛退场时，如果在引导人员比较充足的情况下，一定要听从安排；如果在引导人员不充足的情况下，一定不要拥挤，拥挤容易产生群体踩踏事故。

第二单元
中小学校园冰雪运动

《关于加快推进全国青少年冰雪运动进校园的指导意见》指出，要因地制宜地完善学校冰雪运动基础设施和教学条件，加强冰雪运动师资队伍建设，努力形成具有当地特色的校园冰雪运动教育体系，做到后冬奥会时期少年冰雪运动开展的延续性，提高青少年学生身心健康和全面发展。下面介绍四种适合学校开展的冰雪运动。

滑冰是冰雪运动中最基础的一项运动，它需要运动员在冰面上做各种动作，如前后滑行、转弯、跳跃等。滑冰不仅能够锻炼人的平衡能力和协调能力，还能够提高人的耐力和灵活性。同时，滑冰还是一项非常美妙的艺术表演，许多运动员在滑冰运动中展现出自己的独特风格和个性。轮滑（Roller Skating），有很多汉化版本叫法，如旱冰、溜冰、滑冰、滚轴溜冰，现在统一称作轮滑。轮滑是很棒的代步工具，如果选对了类型，双排轮滑（Quad Roller Skating）和单排轮滑（Inline Roller Skating）都是可以"刷街"的。由于轮滑在硬化地面或塑胶场地均可训练及比赛，因此相较滑冰而言更适合学校开展普及教学。本书着重讲轮滑。

冰球（Ice Hockey）是一项非常激烈的竞技性运动，它需要两支队伍在冰面上进行比赛，通过击打将冰球射入对方的球门中。冰球不仅能够锻炼人的协调能力和反应能力，而且够提高团队合作精神和竞争意识。同时，冰球还是一项非常受欢迎的观赏性运动，许多观众在观看冰球比赛时都会感受到非常强烈的情绪。轮滑冰球项目与冰球项目在技术和规则上较为相似，并且场地相较冰球项目投入低、维护易，适合在校园内开展。

冰壶（Curling）又称掷冰壶，冰上溜石，是以队为单位在冰上进行的一种投掷性竞赛项目，被大家喻为冰上的"国际象棋"，它考验参与者的体能与脑力，展现动静之美，体现取舍之智慧，是冬奥会比赛项目之一。陆地冰壶场地铺设便捷，适合师生共同学习、比赛。

滑雪（Ski）是另一项非常受欢迎的冰雪运动，它需要运动员在雪地上完成各种动作，如滑行、转弯、跳跃等。滑雪不仅能够锻炼人的平衡能力和协调能力，而且能够提高人的耐力和灵活性。同时，滑雪还是一项非常刺激和有挑战性的运动，许多运动员在滑雪中展现出了自己的勇气和冒险精神。随着旱雪毯进入校园，滑雪项目在学校的普及不再遥不可及。

第一章　轮　滑

　　在日常生活中，也许你能经常看见一些年轻人在空旷的广场或是大街上畅快地滑行，他们脚穿轮滑鞋，速度飞快、姿势优美，有的人动作花样百出，旋转、跳跃等惊险动作他们都能轻松完成。但是你知道吗？轮滑并不仅仅是年轻人的运动，它同样也受儿童和老年人的青睐。现在很多城市都有专门的轮滑场、轮滑培训班、轮滑俱乐部、轮滑协会等。轮滑为什么如此受人们的喜爱呢？它到底是怎样的一种运动？下面我们先来认识一下它吧。

　　轮滑运动作为我国体育项目一种，已越来越受到广大群众特别是青少年的青睐。它不仅可以增强体质，更有助于培养人们勇敢顽强的性格、超越自我的品格、迎接挑战的意志和承担风险的能力，有助于培养人们的竞争意识、协作精神和公平观念。

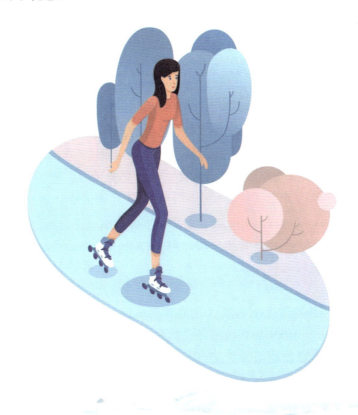

第一节　轮滑运动概述

轮滑也叫滚轴溜冰、滑旱冰，是一项全身性的，集竞技、健身和娱乐于一体的，具有广阔前景的体育运动。它能够全面提升人的力量、速度、耐力、灵敏等各方面的素质，能带给学生运动的乐趣，是一项在南北方学校都易于开展的运动项目。

一、轮滑运动的起源和发展

轮滑运动起源于 1860 年，起初是一项个人运动，是从滑冰运动演变而来的。据相关资料记载，轮滑在 18 世纪由荷兰人发明。有位荷兰的滑冰运动员，为了在不结冰的季节继续进行训练，他尝试把木线轴安在皮鞋下，试图在平坦的地面上滑行。他的试验在不断失败和改进后终于取得成功，同时他也创造了用轮子鞋"滑冰"的历史。轮滑运动在欧洲诞生、兴起，并在美洲、亚洲及世界各地逐渐流行。

轮滑运动是在 19 世纪末传入我国的。当时仅沿海的个别城市开展这项运动，原称"滑旱冰"，主要是为了与滑冰相区别。

知识窗

我国轮滑运动发展重要历史事件

1980 年加入国际轮滑联合会

1982 年国家正式设立轮滑竞赛项目

1983 年召开中国轮滑协会第一届全国代表大会（北京）

1984 年加入亚洲轮滑联合会

1985 年举办首届全国轮滑锦标赛（河南安阳）

1985 年首次组队参加亚洲锦标赛（日本）和世界锦标赛（美国）

1987 年"旱冰"更名为"轮滑"

1989 年第一部轮滑专项制度《轮滑裁判员技术等级实施细则》出台

1989 年首次举办亚洲锦标赛（杭州）

2002 年速度轮滑项目首次被列入全国体育大会（四川绵阳）

2005 年首次举办国际自由式轮滑公开赛

2005 年首次举办世界速度锦标赛（江苏苏州）

2006 年增设花样轮滑项目进入全国体育大会（江苏苏州）

2006 年首次举办轮滑世界杯赛（江苏苏州）

2006 年首次被列入全国特奥会

2007 年举办首届全国单排轮滑球项目锦标赛

2007 年举办首届全国自由式轮滑大赛

2010 年第十六亚运会上轮滑首次成为正式比赛项目

2018 年举办首届全国轮滑全项目锦标赛

二、轮滑的分类

现在轮滑运动分为五大类：速度轮滑、自由式轮滑、花样轮滑、极限轮滑、轮滑球。

速滑即速度轮滑，是以单排、双排轮滑鞋为比赛工具的竞赛项目。具体项目有场地赛和公路赛两种。场地赛男子项目有 500 米、1000 米、1500 米、3000 米、5000 米、10000 米、20000 米等项；女子项目有 500 米、1000 米、3000 米、5000 米、10000 米等项。

自由式轮滑可以较自由地进行轮滑运动。自由式轮滑的种类也有许多，可以"刷街"，也可以只做一些简单的滑行动作。可以说，只要你穿上轮滑鞋，就可以享受自由式轮滑的乐趣了。

花样轮滑起源于 18 世纪的英国，后相继在德国、美国、加拿大等欧美国家迅速开展。与其他竞技运动不同，花样轮滑是一项艺术与运动结合的体育项目，除了要掌握控轮技术，该项目对运动员的艺术表现力也有极高的要求。在音乐伴奏下，运动员穿着轮滑鞋在木地板上滑出各种图案，表演各种技巧和舞蹈动作，裁判员根据动作评分，决定名次。花样轮滑是观赏技巧型轮滑项目的始祖，轮舞（Roller dance）里的 Jam Skating 和 JB Skating，以及自由式轮滑里的平地花式，均来自花样轮滑。

极限轮滑是运动员利用U形台做各种各样的惊险、复杂的表演动作，它是轮滑竞技项目中最吸引人的一项。

轮滑球看上去像是冰球和曲棍球的结合体，双方各出5人在44米×22米的场地上进行比赛，规则类似冰球，但不允许身体冲撞或阻挡，一场比赛有2—3节，每节15—20分钟，进球多者为胜方。

拓展空间

轮滑运动作为一种全身性运动，对青少年的心肺发育有着良好的促进作用。轮滑运动属于有氧运动范畴，有研究表明，一个已经掌握了轮滑基本技巧的运动者，在轮滑运动时的有效心率会达到120次／分。研究发现，保持23千米／时的速度轮滑时测量的心率是该测试者运动最大心率的74%，此时，运动可以达到强化心血管和燃烧脂肪的效果。把速度加快到28千米／时，此时心率会达到最大心率的85%，这时候运动能提高肌肉的持久力。因此，轮滑运动能够使人体各器官系统的供血和供氧能力得到增强，对人的心肺功能有良好的促进作用，还有利于预防心血管系统和呼吸系统疾病，为健康生活奠定坚实基础。

第二节　轮滑技术

一、对轮滑装备的认识

（一）头盔

头盔（图 2-1-1）是护具中最重要的装备之一。大多数头盔里面都贴有泡沫塑料衬垫，并有两条可调节的安全束带，使用时将塑料插扣于颌下扣紧，能在摔倒时起保护头部的作用。头盔盖上的长孔眼有利于通风。选购头盔不可马虎，一定要试戴，头盔不仅要穿戴舒服，还要牢固。

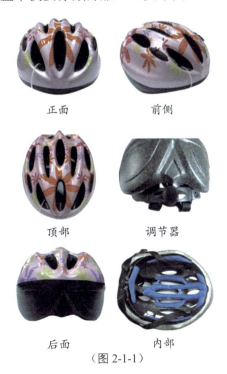

正面　　　　　前侧

顶部　　　　　调节器

后面　　　　　内部

（图 2-1-1）

（二）护腕

学轮滑跌倒时，手和腕部是最容易受伤的部位，因此要佩戴护腕（图 2-1-2）。护腕在手掌面上有一个凸起部分，是塑料插板，可起到缓解撞击力的作用。护腕上的扣带要扣得紧一些，但要以手感好为宜。

（图 2-1-2）

（三）护肘

肘部是跌倒时容易受伤的部位，戴上有弹性的套筒式护肘或带护盖式的护肘，就会减少或避免摔倒时对肘部造成伤害。护肘的松紧扣带要扣得适宜：太紧，滑行摆臂时受限制；太松，滑行摆臂时易脱位。戴护肘时，要将护肘保护外壳有孔眼处朝下方（图 2-1-3）。

（图 2-1-3）

（四）护膝

学轮滑时为了避免摔伤，一定要穿戴护膝（图 2-1-4）。护膝有套筒式和护盖式两种，两者都有一个坚实的塑料外壳罩着，内部有纤维垫，能承受摔倒时的冲击。塑料外壳不仅能起缓冲作用，而且对皮肤和服装也能起保护作用。戴护膝的要求与护肘相同，要合适、舒服、不移位。

（图 2-1-4）

（五）轮滑鞋

轮滑鞋（图 2-1-5）是轮滑运动最重要的器材，建议初学者购买休闲型轮滑鞋。轮滑鞋为了达到稳定支撑的效果，设计有固定的外壳和内衬。右脚鞋通常会安装后跟制动器，用于减速和刹车。选购轮滑鞋时，一定要试穿试滑。试穿时，注意不要把踝关节部位的勒条勒得太紧导致活动受限，要把脚背中间的鞋带系紧，脚趾处的鞋带可以系松一点，以穿着合脚、舒适为宜。穿上轮滑鞋的脚感好，是学轮滑顺利入门的重要条件。

（图 2-1-5）

第三节　轮滑的基本动作要领

一、轮滑原地动作

（一）V形站立

双脚呈V形站立，向前迈步时，以内轮刃支撑腿部向前移动。滑行时双脚交替向前迈步（图2-1-6）。

（图2-1-6）

（二）A形站立

双脚开立宽于肩，双脚尖位置如图2-1-7所示。用双脚的外轮刃支撑着地，有利于保持平衡。做向后滑的动作时，就要用这种站立姿势启动滑行。

（图2-1-7）

（三） 剪式站立

两脚打开宽 15 厘米左右，将一只脚置于另一只脚的前方，呈前后脚站立状态，并使前脚的后轮能位于后脚的前轮旁。做滑行、急停和向后滑时都可以采用这种站立姿势（图 2-1-8）。在站立教学时，可以不时地采用系紧和松开鞋带两种方式进行练习，有助于学员提高踝关节向左右两侧控制平衡的能力。

（图 2-1-8）

（四） 原地单腿支撑平衡

从站立姿势开始，两脚平行打开，双臂前伸（或叉腰），屈膝抬起一条腿，双手抱膝，同时另一条腿支撑站立，上身挺直，目视前方，检测自己单腿支撑能维持多长时间平衡（图 2-1-9）。

（图 2-1-9）

（五） 原地移动身体重心

两脚开立同肩宽，两脚平行，身体重心位于两脚之间，双脚稍用内轮刃支撑，然后将身体向右侧移动至整个重心完全以右腿或以右脚的正轮刃支撑，再向左侧移动达到同样的位置。完成这个动作的关键是无论向右还是向左，都要将身体重心移动到位（图 2-1-10）。

（图 2-1-10）

（六） 原地平台轮滑鞋踏步

从站立姿势开始，两脚平行打开，两臂自然前伸，做双腿交替的原地踏步。将身体重心移到一条腿上，同时另一条腿屈膝上抬然后再落脚着地，身体重心随之移动（图 2-1-11）。

（图 2-1-11）

（七）原地蹲起

从站立姿势开始，两脚平行打开，身体重心位于两脚之间，做下蹲和起立的动作。蹲屈程度可灵活掌握，要始终注意保持平稳（图2-1-12）。

（图2-1-12）

（八）原地两脚交替前后滑动

从站立姿势开始，两脚平行打开用正轮刃支撑，身体重心适中，一脚向前的同时，另一只脚向后，使双脚下的轮子来回滚动，做有两脚交替前后"滑动"感觉的动作。在完成动作的过程中，双臂随腿部前后滑动自然协调地摆动，两脚在滑动中要始终保持一前一后。滑动步幅要适中，身体重心始终保持在两脚中间。

（九）向体侧和体前做高抬腿移步

从站立姿势开始，高抬右腿（右脚轮平抬起离地）向右跨出一小步落地后与左脚距离同肩宽，双脚均用正轮刃支撑，然后将身体重心完全移向右腿，接着以同样的要领高抬起左腿，再向右腿靠拢着地，回到基本站立姿势。这个动作可以向同一侧连续完成，也可以左右交替做。同样的动作可以向前做，向前移步时，身体重心一定要跟进，前移距离以一步为宜，移步要慢而稳（图2-1-13）。

（图 2-1-13）

二、直道滑行动作

（一）直道单腿蹬地后双腿惯性滑行

从站立姿势开始，双腿微蹲屈，双臂放松屈肘于体前，抬头，目视前方。左肩转向左轮刃所指方向，右脚用内轮刃向侧后方蹬地。与此同时，身体重心移到向前滑行的左腿上，右腿完成蹬地动作后迅速收回，膝盖与左腿并拢，两脚平行呈蹲屈姿势，借助惯性向前滑行。接着左脚用内轮刃向侧后方蹬地，按上述动作要领继续做下去。这个动作可以用单腿蹬地（图 2-1-14）、双腿交替蹬地（图 2-1-15）、单腿蹬地或双腿交替蹬地并配合摆臂动作（图 2-1-16）三种方式进行练习。

（图 2-1-14）

（图 2-1-15）

（图 2-1-16）

（二）单双腿交替滑行动作

从蹲屈姿势开始，双脚微呈 V 形，右腿内轮刃用力蹬地，与此同时，身体重心移至左腿，在右腿收回的过程中，左腿支撑身体向前滑行，当双腿并拢时动作就变成借助惯性的蹲屈滑行。接着左腿用力蹬地，按动作要领继续完成动作。双腿交替蹬地，向前滑行时先单腿支撑滑行，后双腿支撑滑行。完成这个动作时用的力度越大，支撑腿的滑行动作越明显，蹲屈惯性滑行的距离越长。

（三）葫芦步滑法

葫芦步滑法分为向前滑葫芦和向后滑葫芦两种。

1. 向前滑葫芦

从蹲屈姿势开始，双脚跟并拢站立，脚尖呈 V 形，双膝微屈并用双脚外轮刃支撑向外推出，使两腿分开向前滑行，保持身体重心位于两脚之间。然后，双腿以膝领先向内并腿至两膝紧贴，与此同时，双脚向内收拢，呈明显的 A 形直至双脚平行并拢，接着双脚尖向外分开又呈 V 形。这样反复完成动作，在地面上留下的滑行轨迹就是一串葫芦形（图 2-1-17）。

（图 2-1-17）

2. 向后滑葫芦

从蹲屈姿势开始，双脚跟分开，脚尖相触，双脚呈 A 形站立。双膝微屈，双脚用内轮刀支撑向外推出，并使两腿分开，向后滑行。保持身体重心位于两脚之间。边滑边向内收双轮，由 A 形滑变为 V 形向后滑。当双脚跟相接，双膝也紧跟其后并拢时，双脚跟再分开，继续按上述动作要领重复动作，就滑出了一串向后的葫芦形（图2-1-18）。

（图2-1-18）

（四）横向移动重心

在原地做横向移动重心动作，其动作要领是从站立姿势开始，两腿分开站好，将身体重心移向左腿，使身体直立，支撑脚与地面呈垂直的状态，支撑脚正轮刃着地或用稍偏外轮刃着地。然后，再横向将身体重心移向右侧，要求重心到位为止，这样反复移动重心，随着熟练程度的提高，可以加宽两脚之间的距离，并可以适当下蹲，以上体稍前倾的体态完成动作（图2-1-19）。

（图2-1-19）

三、弯道滑行动作

（一）转弯滑行

1. 走滑步转弯

在走滑步过程中转弯，其动作要领是每走一步或滑一步，脚着地时脚尖都要指向要转弯的方向，着地的轮刃也要稍微倾向转弯的一侧。由于轮刃不断地偏离原来的运动方向而逐步滑出转弯的弧线，因此身体也要随着每步的落脚着地自然地转体，只有全身动作协调配合，才能把弯转得流畅。在走滑步转弯动作的基础上，双脚呈 A 形滑行，若想向右转弯，则由头部带领整个上体转向右侧；若向左转弯，则头部和上体都向左侧扭转，也可以完成转弯动作（图2-1-20）。

（图 2-1-20）

2. 惯性转弯

在向前滑行的过程中，首先将双脚平行靠近，向右转时，将身体向右倾斜，重心放在右脚上，借助惯性完成向右转弯。若向左转弯，则将身体重心向左倾斜（图 2-1-21）。

（图 2-1-21）

（二） 站立向单侧交叉压步走

从双腿正轮刃支撑站立的姿势开始，首先将身体重心移压于右腿，接着右脚向外倒踝，然后将左膝向着右肩方向抬离地面，左脚越过右脚后，用左脚外轮刃着地并承接身体重心，呈交叉压步姿势站立。然后，右腿抬离地面并向右侧方落地，将身体重心移置两脚之间，双脚呈正轮刃平行的站立姿势。按上述要领连续向右完成交叉压步走。为了提高单腿支撑的平衡能力，可以要求学员逐步以左膝领先向右肩尽量高提再落下着地。这个动作要确保每一步落脚都踩在弯道圆弧的切线上，脚尖的方向与切线方向保持一致。另外，身体重心的移动和交接一定要准确到位（图 2-1-22）。

（图 2-1-22）

（三） 站立向单侧连续交叉压步走

在学会动作（二）的基础上沿圆周完成动作。其要点是向左连续交叉压步走时，右腿的向左交叉压步和左腿的向左还原动作要尽量连贯，动作产生了向左移动的惯性后，身体自然就向左转了（图 2-1-23）。

（图 2-1-23）

（四） 右腿连续单次蹬地动作

从蹲屈姿势开始，右腿向右后方蹬出，收回后双腿并拢，身体向左倾，连续完成该动作就达到向左沿圆周滑行的状态了。随着滑行速度的提高，右腿的蹬地方向逐渐从向右后方变为向正右侧方蹬地。右腿做向右侧方蹬地动作时始终承担重心，右腿结束蹬地动作时，身体重心转移至左腿上，与此同时，右腿轮刃不离地面以内前轮指向左腿方向做以膝领先向左腿靠拢的还原动作。在双腿并拢的瞬间，身体重心由左腿转移到右腿上。如此用双脚轮刃均不抬离地面沿圆周形连续完成动作（图 2-1-24）。

（图 2-1-24）

（五） 弯道连续交叉压步动作

从半蹲屈姿势开始，沿圆周向左连续做交叉压步动作。其动作要点是右腿向右侧蹬地后抬离地面，以膝领先向左肩方向提起，同时左腿做向右侧蹬地动作。在右腿提起和左腿蹬的过程中，自然形成右腿在前左腿在后的交叉压步动作。然后，右腿着地的同时左腿开始收回，并再次呈两腿分开的状态。在滑行中完成该动作时，要自然地使身体重心向左侧倾斜，右腿始终以内轮刃为支撑，左腿始终以外轮刃为支撑，并要严格控制姿势，不能出现倒踝动作。随着动作熟练程度的提高，应逐步加大蹲屈幅度（图 2-1-25）。

（图 2-1-25）

（六） 向左交叉压步控制滑行

学会了弯道交叉压步动作后，为了进一步提高滑弯道时腿部的支撑能力，可以做向左交叉压步的控制滑行。其动作要点是在滑行中双腿呈交叉压步动作后，保持这个姿势，按惯性向左前方滑行片刻。开始滑行时，左腿要蹬直，并以全轮刃着地。然后左腿尽量前移，达到以左膝触碰前方的右小腿腿肚子的程度。在此基础上，再以左膝引领收回使双膝紧贴，左脚尖紧贴右脚跟外侧，呈右腿支撑滑行的姿势（图 2-1-26）。

（图 2-1-26）

第四节　制动及滑跑基本姿势

一、制动

（一）轮滑鞋制动器制动法

在休闲型轮滑鞋的脚跟部位有一个制动器（一般在右脚），用它来减速或停止滑行是最简单易行的方法。学员可以按个人习惯把后跟制动器调装在有力腿的轮鞋上。

制动器使用的方法是在慢速向前滑进中，将装有后跟制动器的脚向前移，在抬起制动器脚的脚尖时，制动器接触地面会产生摩擦的感觉。与此同时，双臂前伸保持平衡、抬头、目视前方、上体略向前倾，使身体重心落在制动器上，然后加大腰部的弯曲程度，臀部向后坐（图 2-1-27）。不可急停，要随着滑行速度的减慢逐渐对制动器施加压力，从而达到减速至停止的目的。如果在快速滑行中需要用此停止方法，则应将制动器同侧的手臂迅速摆向身后并向制动器所在腿的那一侧扭转身体，以增加制动器与地面的摩擦力，进而达到急停的目的。

（图 2-1-27）

（二）T 形制动法

在滑行中将双臂前伸，目视前方，用前脚支撑重心向前滑进，再拖拽后脚用内轮刃压磨地面达到减速或停止的目的。在制动过程中，要将身体重心保持在向前滑进的腿上，后脚尖外展，并用内轮刃压磨地面制动。如需急停，前脚要用正轮刃或偏外轮刃支撑滑行，后脚侧要朝着前脚的后跟部用力紧靠并迅速形成 T 形脚位。后脚用内轮刃向地面施加的压力越大急停得越快，这是一种被初学者普遍使用的停止方法（图 2-1-28）。

（图 2-1-28）

二、动态的滑跑姿势

动态的滑跑姿势受几种外力（空气阻力、摩擦阻力、倾倒惯性反作用力、重力、支撑反作用力、离心力等）的影响，是在维持动力平衡和破坏动力平衡交替中的滑跑姿势。

（一）惯性自由滑（传统技术）

惯性自由滑的技术要点是一条腿用轮刃支撑站立，另一条腿蹬出后在身后自然放松，整体姿势处于稳定的动力平衡状态中（图2-1-29）。

（图2-1-29）

（二）单蹬双滑练习

单蹬双滑练习的技术要点是学员用右脚轮刃蹬地，将重心推送到向前滑进的左腿上。右脚轮刃蹬地后，迅速与左脚并拢，两脚同时滑进。当速度减慢时，再用左脚轮刃蹬地，将重心推送到向前滑进的右腿上，左脚蹬地后迅速与右脚并拢，两脚同时滑进（图2-1-30）。

（图2-1-30）

（三）单蹬单滑练习

单蹬单滑的技术要点是从基本站立姿势开始，上身前倾，两臂自然下垂或双手互握，两脚稍分开，成 V 形站立。重心放在右腿上，用右脚轮刃蹬地，右脚蹬地动作结束后将重心换到左腿上，左腿呈半蹲屈惯性滑进，收回右腿的同时左脚轮刃再蹬地，将重心移到半蹲屈惯性滑进的右腿上（图 2-1-31）。

（图 2-1-31）

（四）侧蹬收腿

开始侧蹬时，运动员先将重心稍微向右倾斜，然后用左脚向右侧蹬出，蹬地时要用力，脚离地面高一些（图 2-1-32）。同时，要保持身体平衡，不要摇晃。收腿时，膝盖稍微弯曲，再快速用力地向内收左腿，同时身体要保持平稳，避免摔倒。

（图 2-1-32）

第五节　轮滑运动体能训练

一、什么是体能

体能是通过力量、速度、耐力、协调、柔韧、灵敏等运动素质表现出来的人体基本的运动能力，是运动员竞技能力的重要构成因素。体能水平与人体的形态学特征以及人体的机能特征有着密切的联系。体能以增进健康和提高基本活动能力为目标，竞技运动体能以追求在竞技比赛中创造优异运动成绩所需的体能为目标。

二、体能训练有哪些好处

1.体能训练可以提高身体素质

孩子在进行科学的体能训练时，可以锻炼平衡能力、协调能力、反应能力、空间感知力，这些都有利于运动能力的综合发展。

2.体能训练有助于心理健康

学业的压力容易让年幼的孩子产生紧迫感、疲劳感、压抑感，体能训练能让孩子们感到快乐，帮助孩子舒缓压力。

3.体能训练有助于脑部发育

孩子参与体能训练，可以提高身体素质，促进大脑发育，增加大脑皮层的厚度。经常参加体能训练，可以增强记忆力、注意力、观察力。

4.体能是所有运动项目的基础

体能是工作和生活不可缺少的基本运动能力。体能训练可以帮助孩子掌握复杂的技术动作和提高运动效率。

三、体能训练的具体内容

1. 体能训练的内容

不同年龄阶段孩子的训练内容也各有不同。对学龄前儿童来说，可以通过游戏的方式锻炼其各项综合能力，也可以对每个孩子进行有针对性的训练，让孩子综合发展。

2. 多大年龄可以进行体能训练

孩子 4 岁左右，就可以尝试进行体能训练了。家长要根据孩子的实际发育情况，在专业的体能教练指导下进行锻炼，以免造成不必要的运动损伤。

四、体能训练有哪些注意事项

1. 力量训练不宜过早

虽然力量训练是防止运动损伤的核心训练，但是力量训练不宜过早。孩子处于 12 岁至 16 岁阶段时，可适当采取一些较轻的负重练习来锻炼肌肉力量。

2. 进行全面的锻炼

在一些特定运动项目中，身体通常需要长期保持一种姿势，久而久之，就容易造成孩子肢体发育不均衡和脊柱的变形。所以，在进行体能训练时，需注重身体各部位的全面锻炼，尤其是对肢体的锻炼。另外，培养孩子养成站、立、跳、跑的正确姿势，也能够有效预防脊柱变形。

3. 适合的才是最好的

不是所有的运动都是适合孩子的运动，家长要根据孩子的身体特点与年龄，选择最适合的锻炼方式，这样才能够进行科学的锻炼并有效提高孩子的身体素质。

五、学轮滑的好处有哪些

轮滑是一项很时尚的有氧运动，与其他运动项目相比具有一定的趣味性和观赏性，可以排遣学习压力，愉悦心情，放松精神，具有休闲和健身的双重作用。轮滑运动能给孩子提供更多展示自我的机会，每完成一组动作都会使孩子产生一种自我满足感，可以提高孩子的自信心和参加集体活动的积极性。对孩子来说，真正的快乐在于学轮滑的过程，而不是结果，还可以获得启发与磨炼意志，这是比掌握轮滑技术更难能可贵的东西。

六、轮滑运动前的准备活动

（1）上下左右活动头部。

（2）双臂伸直向前，再向后旋转。

（3）双手握拳做扩胸运动。

（4）一手叉腰、一手举高，先左后右弯腰。

（5）双手叉腰，先左再右旋转腰部。

（6）先拍手，再弯腰拍膝盖。

（7）十指交叉，踮起脚尖，同时活动手腕和脚踝。

七、轮滑运动前的体能训练

（1）原地小步跑，提升腿部力量。

（2）高抬腿，提升腿部力量。

（3）开合跳，提升腿部力量。

（4）波比跳，提升腿部力量。

（5）半蹲跳，提升腿部力量。

（6）脚跟走，提升脚踝力量。

（7）鸭子走，提升大腿力量。

（8）踢臀跑，提升大腿后侧肌肉控制力。

（9）侧跨蹲，练习单腿力量。

八、轮滑运动后的拉伸

1. 交叉脚拉伸

锻炼部位：竖脊肌、臀大肌、臀中肌、股二头肌等。

具体作用：深度拉伸背部、臀部、大腿后侧肌肉，活跃部分肌群，提高训练效果。

具体方法：两腿交叉夹紧，两脚面平行，腿伸直不能弯曲，弯腰向前，尽量伸手触碰地面，保持均匀呼吸。

2. 弓步转腰拉伸

锻炼部位：腹外斜肌、腹内斜肌、腹直肌、髂腰肌、腓肠肌、比目鱼肌等。

具体作用：深度拉伸腰部肌群、小腿后侧肌肉，活跃部分肌群，提高训练效果。

具体方法：弓步站立，双手交叉伸直举过头顶，手心向上；目视前方，双脚不能离地，后脚尽量蹬直。上半身绕垂直于地面的纵轴旋转，不要弯腰，转腰之后目视侧后方。

3. 前倾坐式大腿内侧拉伸

锻炼部位：内转肌、背阔肌、竖脊肌等。

具体作用：拉伸大腿内侧及背部肌肉群，活跃部分肌群，提高训练效果。

具体方法：坐姿准备，双脚掌合拢，脚跟尽量靠近大腿内侧，双手握住双脚尖，低头弯腰，头部尽量贴紧脚尖，慢慢把气吐尽。

4. 脚跟脚尖扭腰侧移

锻炼部位：腹斜肌、腹横肌、髂腰肌等。

具体作用：锻炼腰部肌肉，提高核心力量，塑造腹肌线条，提升轮滑转体能力。

具体方法：上半身不动，交替踮脚跟及脚尖，利用腰部力量带动下半身旋转往返运动，每次旋转 120°。

5. 腰腹核心联动训练

锻炼部位：腹直肌、腹横肌、腹斜肌、髂腰肌、竖脊肌、臀大肌等。

具体作用：加强核心力量。

具体方法：身体呈平板支撑的姿态，目视地面；然后收缩腰腹，让膝盖尽量靠近胸口，保持 2 秒，再用力把腿蹬直，再保持 2 秒。

九、轮滑运动注意事项

（1）无论何时何地都要了解自己的"极限"在哪里。

（2）不要在斜坡上练习新技巧。

（3）一定要戴头盔及护具。

（4）远离会卡住轮刃的格子地面等危险区域。

（5）如果危险区域是不可避免的低地，试着将重心放在脚跟上，保持直行滑过或跨过。

（6）弄清滑行方向。

（7）遇到矮墙，先停下来，以横步方式跨过。

（8）在光线不够明亮的地方要穿上反光护具。

（9）不要戴耳机。

第六节　轮滑运动规则

一、重要概念

竞赛规则是对某个项目比赛方式、方法的规定。

竞赛规程是赛会主办单位针对某次比赛的相关规定。

竞赛指南是竞赛组织者在组织竞赛过程中的指导性文件。

积分赛是指比赛时运动员通过各种积分点获取个人得分，获得积分高者名次列前。

淘汰赛是指比赛过程中在一个或多个固定地点直接淘汰一名或多名运动员的比赛。比赛根据参赛队员被淘汰的逆顺序排列名次。

积分淘汰赛是指在比赛过程中，在场地的一个或多个固定的地点淘汰一名或多名运动员，同时，领先运动员将获得一定的积分。最后完成比赛且获得最高积分的运动员将获得比赛的胜利。

二、比赛跑道

比赛跑道分为"线式"跑道和"闭环"跑道。"线式"跑道是在学校内的道路上，在特定的范围和距离内选择两个点，一个为起点，另一个为终点的跑道；"闭环"跑道是在学校的操场或者特定的圆形赛道。赛道弯道处应有清晰可见的自然界线或设有可移动的标识，这些标识不能放在跑道内，以免发生危险。

三、比赛项目

（一）场地赛

常见的场地赛（图2-1-33）有200米个人计时赛、200米团队积分赛、300米个人计时赛、300米团队积分赛、500米个人计时赛、800米团队接力赛，场地赛按逆时针方向进行。

（图2-1-33）

（二）甬路赛

甬路赛（图2-1-34）最常见的是200米个人争先赛。

（图2-1-34）

小 知 识

国内的轮滑比赛有以下三种：

1. 全年积分赛

全年积分赛可在每年9—12月和次年3—5月进行，比赛期间，运动员每月可参加1次比赛，一个赛季共7次比赛。比赛形式为速滑比赛，每场比赛前八名获得积分，积分等级为9分、7分、6分、5分、4分、3分、2分、1分，根据7次比赛积分的总和进行最终排名。

2. 技巧挑战赛

技巧挑战赛分为障碍物挑战赛和花滑比赛，都在每年6月进行。障碍物挑战赛要在规定距离内穿过设置的障碍物，用时少者获胜，在穿过障碍物过程中如出现违规（如把障碍物碰倒）要进行罚时；花滑比赛要求每名参赛者完成1至2个固定动作加上2个自选动作，评委根据动作完成的质量和动作的难易程度打分。

3. 轮滑争霸赛

每年6月，组委会根据积分赛的总体排名情况，选出前几名选手进行的高水平比赛就是轮滑争霸赛。

四、出发事宜

（1）个人计时赛按照赛前抽签顺序出发。决赛出发按预赛成绩倒序排，即成绩好的运动员后出发。

（2）团队赛按照赛前抽签顺序出发。

（3）技巧挑战赛按照赛前抽签顺序出发。

五、参赛装备

每名运动员在比赛中必须穿好轮滑鞋、头盔、护具。

每名运动员佩戴 5 块号码布，分别将其固定在臀部的两侧（2 块），腰部后侧（1 块），头盔左、右侧（2 块）。号码为三位数，白底黑字。头盔号码布用带背胶的写真纸制作，粘贴在头盔上；其他号码布用写真布制作，固定在比赛服上。

五、裁判

裁判委员会人数设置如下：裁判长 1 人，副裁判长 3 人，终点裁判员 3 人，计时裁判员 6 人，电动计时裁判员 1 人，编排记录员 2 人，监道员 4—5 人，发令员 1 人，助理发令员 1 人，计圈员 2 人，宣告员 1 人，检录员 2 人。

第七节　轮滑小知识

一、起跑要求

所有的比赛都要用发令枪或哨子发出起跑信号，起跑姿势均为站立式。运动员起跑犯规时，裁判员把运动员召回起跑点。运动员回到原位，裁判员重新发出起跑信号。起跑前，裁判员点名两次未到的运动员会被取消比赛资格。

二、起跑条件

集体起跑时，运动员站在起跑线后排好队，发令员在相距运动员 50 厘米处发两次信号，第一次信号是"预备"口令，第二次信号是鸣枪。

如遇下述情况，经裁判员示意后重新起跑。

（1）逆时针比赛中，运动员因器械发生故障或跑道出现问题而摔倒。

（2）集体起跑时，因一名运动员摔倒导致其他运动员在距起跑线 130 米内也摔倒。

（3）运动员在发起跑令前起跑无效，第一次抢跑裁判会给予警告，第二次抢跑运动员会被取消比赛资格。

三、滑跑规则

（1）除轮滑鞋出故障外，运动员不能得到任何方式的帮助。

（2）在滑弯道时，除非内侧有足够地方可供滑行，否则运动员只能从右侧超越其他选手，同时不能阻碍他人滑行。

（3）禁止撞人、拉人、推人、阻碍或协助其他运动员。

（4）在场地跑道或封闭式环行公路赛比赛时，正被人超越的运动员不得阻碍和协助其他运动员超越别人。

（5）运动员的轮滑鞋不能接触比赛路线界线以外的地方。

（6）运动员可以修理出故障的轮滑鞋，必要时可以更换已损坏的鞋，但不能妨碍比赛正常进行。

（7）运动员摔倒时可以自己站起来继续比赛，其他人不能给予帮助，否则将取消比赛资格。

（8）在公路或开放式环形跑道进行团体赛时，运动员也要遵守上述规则，并要保持右侧滑行，不能越过中线，同时也要严格遵守比赛组织者的指令。

（9）退出比赛的运动员，要到终点通知裁判委员会，以便根据本人情况确定比赛名次。

四、到达终点和名次的判定

（1）到达终点的时间是运动员轮滑鞋前轮通过终点线的时间。在自由换人接力赛中，到达时间以最后一名运动员的轮滑鞋前轮通过终点线为准。

（2）在计时比赛中，以运动员到达终点时的时间判定名次。

（3）在定时赛中，比赛结束时运动员滑到的地点即为终点。

（4）在集体滑行比赛中，有几位运动员同时到达终点，不能确切分出胜负时，他们的名次相同。

（5）在逆时针比赛中，有两名或更多的运动员同时到达终点时，要进行复赛决定名次。

（6）在个人比赛中，运动员到达终点后，组委会要立刻宣布该运动员的比赛成绩。

第二章　冰球及轮滑球

第一节　冰球和轮滑球运动概述

一、冰球的起源

冰球是一种快节奏、高对抗的冰上集体项目，起初是在欧美国家民众之间流行的一项冰上游戏，后来经英国军队带动，发展成了一项竞技类的比赛项目。现代冰球起源于加拿大，1875 年 3 月 3 日，第一场冰球比赛在加拿大蒙特利尔举办，之后冰球迅速成为加拿大流行的运动项目并流传到世界各地。随着比赛规则的不断完善，许多国家成立了冰球协会，职业化和商业化的冰球比赛也就随之发展起来。现在，冰球作为冬季奥运会的重要项目之一，受到了很多人的喜爱。

轮滑球又称为轮滑曲棍球，分单排轮滑球和双排轮滑球，是冰球的变种运动。其中单排轮滑球又称陆地冰球、轮滑冰球，该运动是国际轮联（FIRS）辖下的一个正式竞技体育项目，也是一种充满对抗性的集体运动项目。1992年，双排轮滑球作为展示项目出现在巴塞罗那奥运会。

我国现在有单双两个组别的轮滑球国家队。

二、冰球的特点

冰球比赛是指比赛双方以冰刀和球杆为主要装备和器材，队员在冰面上操控冰球进行对抗，最终以攻进对方球门数量多少决定胜负的一项集体性竞技运动。冰球是一种极具对抗性的竞赛，兼具冰上运动和球类运动双重属性。因为场地相对较小、滑行速度和攻防转换速度较快，更凸显了冰球比赛的对抗性和冲击性。激烈的对抗性和强大的冲击性对冰球运动员的身心素质提出了更高的要求，需要运动员集耐力、智慧、勇气于一身，还要兼顾团队合作。冰球运动不仅有利于队员增强体魄，还有利于培养挑战精神和团队意识。

轮滑球作为新兴的竞技运动，融合了冰球和马球两种运动项目的特点，比赛规则宽松，具有很强的对抗性。

三、冰球的场地

国际冰球联合会曾给出过冰球比赛场地的界定标准，世锦赛和奥运会的标准冰球比赛场为宽 30 米、长 60 米的长方形冰场，四周需要用 1.07 米的木质或塑料制成牢固的界墙。如果只做训练场，场地要求就会宽松很多，甚至因条件有限，部分球队会在一些商场里的小冰球场地进行训练。虽然冰球场地有大小区别，但冰球场的分区是不变的。冰球场地整体分为 3 个大区：守区、中区和攻区，中区的正中间又有一条红线将场地平均分为两半。整个冰场一共有 9 个争球点，9 个争球点分别分散在 3 个区里。在中区的争球点是主争球点，开赛和进球后继续比赛都要在这里争球，其他各争球点则需要根据赛事规则的需要，在不同点位争球。球场两端各设一个球门，球门前画有底线和球门区，想得分就得使球越过球门区，打进底线后的球门内。

场地两侧分别设置两队的队员席，除上场球员，其他球员须在队员席观赛等候。队员席的对向一侧设置裁判区，裁判区后设置记录席，记录席两侧设置两队队员受罚席（图 2-2-1）。

轮滑球比赛场地大多遵循冰球比赛场地的界定标准，但略有变化。在轮滑球比赛中，赛场面积多数会小于标准冰球比赛场地。轮滑球场地遵循 1∶2 的场地长宽比，只划分攻区和守区，不设置中区，争球点也由 9 个减少为 5 个（图 2-2-2）。

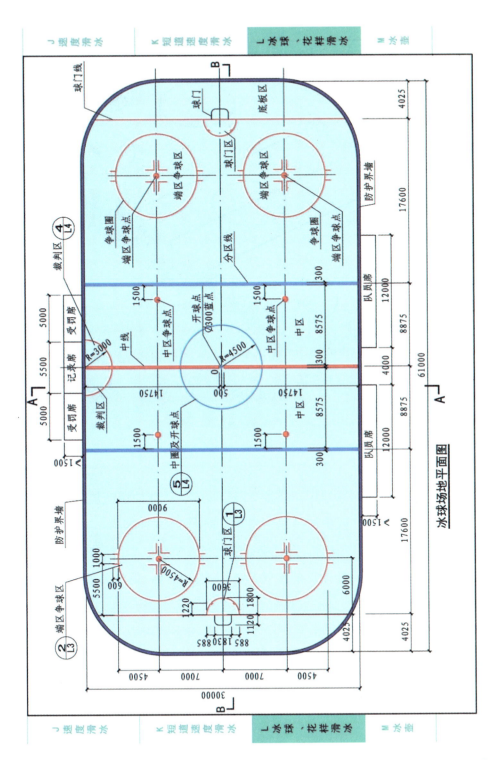

（图 2-2-1）

（图 2-2-2）

四、装备

国际冰球联合会对冰球运动装备有严格规定。冰球的运动装备包括球杆、冰球鞋、护具和队服，其中护具包括头盔、护齿、护颈、护胸、护肘、手套、防摔裤、护裆、护腿、护袜等，队员必须统一穿戴颜色样式相同的头盔和队服。

在轮滑球比赛中，轮滑球的护具与冰球护具相同，但需要使用专门的单排轮滑球鞋（图 2-2-3）。

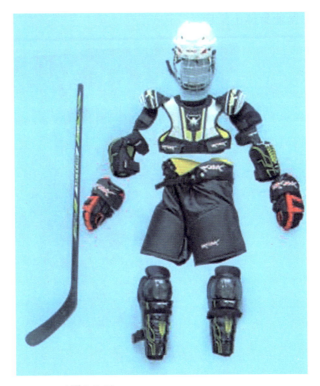

（图 2-2-3）

运动员的安全头盔也是有区别的，常规的球员头盔可以配护目镜、全护目镜和全护面罩（图 2-2-4）。未满 18 周岁的队员需要全护面罩，18 岁以上的成年人则不需要。

（图 2-2-4）

队员在球队所处位置不同，防护的措施也不同，一般队员和守门员的护具有很大区别。一般队员的护具要保证运动速度和身体的灵敏度，而守门员的护具则需要防撞击。守门员的头盔，会加装一个挡板来保护运动员的颈部，手套会更宽大，护腿也会加装挡板，球杆的刀钢也更宽（图 2-2-5）。虽然冰球体积不大，质量也仅在 170 克左右，但在比赛过程中冰球的最快速度会达到 90 千米 / 时，球会像子弹一样撞向守门员，守门员的防护必须非常严格，才能保证身体不受伤害。

（图 2-2-5）

第二节　冰球及轮滑球运动技术与教学

一、滑行技术

滑行技术包括滑行准备姿势、起动、正滑、倒滑、转弯、转身、急停。

（一）准备姿势

双肩打开，身体放松，抬头挺胸，目视前方，上体前倾，膝部稍屈。侧身可观察到下颌、膝、脚尖在一条线上，双脚平行并打开与肩同宽。双手握杆，高位手（有力手）用力握住杆尾，另一只手握在杆身，杆刃可放在地面上（图 2-2-6）。

（图 2-2-6）

（二）起动

起动包括 T 字起动和 V 字起动。

1.T 字起动

运动员站立时身体前倾，双腿微屈，蹬冰（地）脚与前进的方向约成 90°夹角，与前脚呈 T 形。启动时，重心前移，后脚用力蹬冰（地），前脚外转，快速蹬冰（地）。滑行后准备衔接其他技术动作（图 2-2-7）。

（图 2-2-7）

2.V 字起动

V 字起动也称正面起动，是滑行中突然起动加速摆脱对手的最有效方式之一，在冰球比赛中经常使用。运动员从站立或滑行动作开始，双膝弯曲，将脚摆成 V 形，身体微向前倾，重心放在轮刃的前部内侧上。左右脚快速交替蹬冰（地），短促快速向前滑进（图 2-2-8）。

（图 2-2-8）

比一比

看谁起跑快（图 2-2-9）。

两人一组，采用 T 字步和 V 字步进行起跑练习，听哨音开始起动，从蓝线起跑到红线，每项起跑技术比拼两次，教师计时。

（图 2-2-9）

（三）正滑

直线正滑是所有滑行技术组合的基础。滑行时，运动员的蹬冰（地）腿向侧后方用力蹬冰（地），依次伸展髋、膝和踝关节。前腿微屈，向侧前方滑行，准备再次蹬冰（地）。随着前脚滑出，后腿以大腿带动小腿收回，接近前腿内侧时，可以开始下一动作（图 2-2-10）。

（图 2-2-10）

（四）倒滑

倒滑在技术和准备上与正滑相似，但身体重心需稍向后移。

1. 直线倒滑

从准备姿势开始，手握杆，肘内收；上体抬起近乎正直，腿呈半蹲屈姿势。滑行时一脚后跟外展，脚尖内扣向侧蹬处，腿要充分蹬直，侧蹬结束时脚跟抬起，脚尖着地回收腿至身体重心下方，并恢复后脚外展的姿势落地，其收腿路线呈 C 形；另外一脚在支撑滑行时屈膝，并用同样方法蹬出和收回。两脚交替蹬出和收回即可连续倒退滑行（图 2-2-11）。

（图 2-2-11）

2. 倒滑压步

在倒滑中向左压步时，重心要较大幅度左移，超过左脚的支撑点，右脚蹬地结束后回收时，脚可离地或不离地，移动到左脚的左前方落地，然后左脚从右脚后收回。向右压步动作方法相同，动作相反。

练一练

> 从冰（球）场一端，采用直线正滑方式，滑到冰场另一端，随后再以直线倒滑方式返回起跑点。往返一次为一组，练习 3—5 组。

（五）转弯

转弯是冰球（轮滑球）比赛中灵活变向最省力和最有效的技术。滑行中向右侧转弯时，身体要向左侧倾斜，左膝伸展向左侧蹬冰（地）后，重心移到右腿上，左腿做交叉压步，右脚在左脚下侧蹬冰（地），左脚着冰（地）后屈膝，重心移到左腿。双脚滑行的路线呈弧形（图 2-2-12）。向左转弯时动作方向相反，动作要领相同。

（图 2-2-12）

（六）转身

转身是指正滑转倒滑或从倒滑转正滑的快速变向，是一种沿着身体纵轴的转体动作。转身的目的是便于面对防守、回追防守、争夺球权和阻截对手等。

1. 正滑转倒滑

从向前滑行开始，如向右转身，先把重心移到左脚上，收回右腿并向外旋右脚，右脚跟靠近左脚跟，双脚呈月牙步。转身时，先向右转头、肩、上体带动左脚向右滑转约45°，同时继续向右转体，右脚外转135°，重心从左脚移到右脚上，左脚收回靠近右脚落地后开始倒滑。向左转身动作方法相同，方向相反。

2. 倒滑转正滑

准备转身时，身体重心由倒滑支撑腿向后腿转移，后脚向转身方向转动约180°后落冰（地），前脚和身体再随惯性转身。转身后的后脚迅速蹬冰（地）开始正滑。

（七）急停

冰球（轮滑球）比赛中，在躲避冲撞、摆脱对手和改变方向等情况下，会经常使用急停技术。下面介绍两种常用的急停方法。

1. 八字急停

八字急停是一种常用的、基础性的双脚急停方法。结束滑行动作时，双膝弯曲，重心下降，脚尖内扣，脚跟向身体两侧分开，两脚呈A形，两脚同时用力，用冰刀内刃向前推压切冰直到停止。倒滑急停与八字急停动作方法相同，区别是要重心前移，刀尖向外展开，两刀呈 V 形，通过两脚冰刀内刃前半部用力推压切冰结束滑行（图 2-2-13）。

八字急停   倒滑急停

（图 2-2-13）

2. 双脚侧急停

双脚侧急停是最常用和最有效的停止方法，尤其适用于高速滑行中急停并突然改变方向的情况。向前滑行准备急停时，两脚要逐渐靠拢至与肩同宽，重心略升高。急停时，重心向侧后方移动，上身带动双脚急转，与前进方向成 90° 夹角，两脚适当前后交错开立。两腿屈膝用力踏冰（地），重心放在两脚的前半部分，身体保持平衡，停止后立即站直（图 2-2-14）。

（图 2-2-14）

冰球及轮滑球运动危险吗？

冰球运动速度快、冲撞激烈，但冰球的护具有很强的保护性。在冰球练习和比赛的过程中，必须完整地佩戴所有护具，从头到手、脚、四肢、各个关节，甚至关键部位都可以佩戴专门的护具。在这样的"包裹"下，即使队员之间激烈冲撞，或者被飞速运行的冰球击中，也很少会受伤。

二、球杆技术

球杆技术包括握杆、运球、传球、挑球、留球、界墙反弹传球。白色为左手杆，黑色为右手杆（图 2-2-15）。

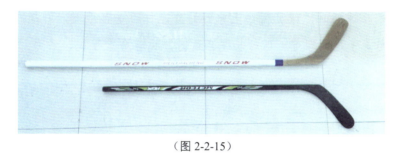

（图 2-2-15）

（一）握杆

比赛中，球员的握杆方式会不断变化。常规握杆方式为双手与肩齐宽，肩膀放松，用手指而不是手掌握杆。用力握住杆尾，这样在任何比赛情形下，都可控制球杆。通常我们将握住杆尾的手称为上手，杆尾处于手掌内但仍然用手指握杆。

球杆的握法分为左手杆和右手杆两种。右手杆握法是左手握住球杆上部顶端，右手在下握住距离球杆顶部 30—45 厘米的位置；左手杆握法是右手握住球杆上顶部顶端，左手在下握住距离球杆顶部 30—45 厘米位置。上面的手大拇指和食指应抓住球杆正面并呈 V 形。肘关节与肩膀放松，这样可以使球杆运用更自如。控制球时转动手腕向地面扣住球并且要抬起头，尽量不要看球（图 2-2-16）。

（图 2-2-16）

小知识

如何判断球杆长度合适？

选择球杆时，球员需穿上冰刀站立，杆刃垂直地面，杆尾高度在下颌与鼻子之间即可。球杆长度合适时，运球会更平稳、省力。

（二）运球

运球技术是在静止或滑行状态下控制冰球以掌握球权的技术。

1. 拨球运球

拨球运球可以随时改变运球方向并将球射出，常在过人、晃守门员、准备传球和射门时使用。初学拨球运球时，可从静止动作开始练习，运动员目视前方，用余光看球，开始拨球时，两手适力握紧球杆，上下手要略靠近些，距离大约 20—25 厘米，肩和上臂放松，用杆刃中部扣住球，通过手腕的转动左右拨运（图 2-2-17）。

（图 2-2-17）

2. 推球运球

推球运球是最快的运球方法，常在前面没有对方队员阻截或离对方队员较远时使用。推球运球包括单手推运球和双手推运球等。

（1）单手推运球

用上手握杆，将球拨到握杆手一侧，肩、肘关节向前伸展，用杆刃底部接触冰（地）面向前推冰球（轮滑球）。运球时可转动手腕使杆刃左右翻转，控制球的方向向前推进，不持杆手可做摆臂动作，协调配合两腿蹬冰（地），以便提高滑行速度（图 2-2-18）

（图 2-2-18）

两人一组，球不离开球杆，采用单手将球推运到标记点，比一比谁速度快。

（2）双手推运球

双手推运球时要将球拨到下手一侧，推球向前滑行，如果前方无人阻截，可将球向前推离出杆刃，再迅速追上，继续控制球。

（3）倒滑运球

倒滑运球是一种较高水平的运球技术，常在摆脱对方的抢截并寻找时机传球或组织反攻时使用。倒滑运球时上身要直立，抬头，目视全场，用余光看球；用杆刃中部扣住球，向后拉或拨球（拨球次数要少）；如向左转弯，压步时，杆刃放在球的右前方，向左后方拉球；向右和向左动作要领相同，只是方向相反。

（三）传球

传接球技术是冰球运动的基础技术，可以帮助球队控制球权，掌控整场比赛。个人的传接球技术可以转变为团队技能，是实现技术配合的重要手段。传接球技术主要包括正手传球、反手传球、正手接球和反手接球。

1. 正手传球

正手传球是使用最频繁也是最基本的传球方法。传球时，正手侧方位置运球，将球拨到后脚的一侧，重心移至后脚，使用杆刃拉球，球从脚跟处移至脚尖处，两臂持杆扫动，将球推向目标（图2-2-19）。

（图 2-2-19）

2. 反手传球

反手传球与正手传球相同，也是冰球比赛中常用的技术。反手传球的优势在于更有时机性和隐蔽性。反手传球时要握紧球杆，将球拉在身侧扣住，下手和左肩对准传球方向。

3. 正手接球

正手接球是最基本的接球方法，只有熟练地掌握正手接球技术，才能更好地掌握其他较复杂的接球方法。接球时，杆刃向来球方向伸出，杆刃接触球时，眼睛看球，根据球的速度向后引杆，减缓球的冲击力。随后将杆刃前倾，将球扣住，待球停稳后向滑行方向运行（图 2-2-20）。

（图 2-2-20）

4. 反手接球

反手接球和正手接球技术基本相同。如果队员不习惯用反手接球，就容易在比赛中失去球权，贻误战机。反手接球时，运动员要抬头看球，球杆伸出对准身体中间，杆刃与来球路线约成 90° 夹角，放松手腕，向后引杆，缓冲来球力量，同时准备随时反手将球传出。

　　1.二人一组进行定点传、接球练习。
　　2.三人一组在争球圈内进行移动传、接球练习，注意在传、接球之前观察好目标，接球前要将球杆放在冰面上。

（四）挑球

　　挑球时，球放在身体前，重心落于后脚上，用杆刃的前半部分触球。正手挑球时，两臂向上用力，快翻手腕，同时重心移向前脚，顺势向上挥杆，将球挑起并指向目标（图2-2-21）。反手挑球时球从后脚挑起。

（图2-2-21）

（五）留球

　　留球并不是真正意义上的传球，但作用与传球一样，是在运球前进途中将球停住留给后面跟上的队友的技术动作。留球的技术要领是运动员在运球向前滑行时，将杆刃放置在球前方并把球停住，而自己继续向前滑行。

（六）界墙反弹传球

　　界墙反弹传球是沿界墙向前运球时，遇到对方队员的阻截，做拉杆过人的假动作来完成控球的一种技术。比赛时如果遇到对方队员的阻截，可以突然将球斜传或打向界墙，使球反弹到对方的身后，同时脚下加速绕过对方再去控制球。

三、射门技术

射门是得分手段，比赛中所有的进攻与防守的变化最终都是为了射门。比赛中射门的技术动作多种多样，要想在对方严密的防守和拼抢下完成射门，必须要有明确的射门意识，善于把握射门时机，选择正确的射门方法。

射门技术包括拉球射门、击球射门、弹球射门、挑球射门、垫球射门等，拉球射门和击球射门是比较基础的射门技术。

（一）拉球射门

拉球射门动作与传球动作相似，具有一定的迷惑性。整个动作过程包括短促拉杆、突然施射和随球跟进。射门时，上手肩对向球门，将球先拨到后脚的那一侧，用杆刃后半部分将球扣在冰面上，目视球门，余光看球，注意射门角度。拉杆时身体重心由后脚移至前脚，前脚支撑身体，后脚快速蹬冰（地），上身向射门方向转动，挥杆并下压球杆，随后射门（图 2-2-22）。

（图 2-2-22）

（二）击球射门

击球射门在所有射门技术中是速度最快、力量最大的一种。恰当地使用击球射门带来的进攻威胁非常明显，缺点是击球射门时举杆耗时过长且精确度不高，因此必须在合适的位置和特殊比赛情形下使用。

击球射门时，后脚蹬冰（地），握杆下手下移，使球保持在身体侧前方。运动员先瞄准击球目标，随后肩部带动腰部转动，杆向后上方举起，用大臂带动小臂发力挥杆，用力击打球后约 10 厘米处的冰（地）面使杆弯曲产生弹力，将球击出。

（三）弹球射门

弹球射门与拉球射门类似，弹射与拉射的施力大小相当，但速度不亚于拉球射门，精准度也相差不大。弹射对身体姿势的要求不严，主要靠前臂和手腕抖动发力。

射门时，要将球拨至身体侧前方稍近的位置，杆刃贴在冰面向后短拉约15 厘米，再突然向前挥动球杆，用杆刃的中部击打冰球后缘。杆刃作用于球的过程很短，是一个回拉和击射的合成过程。

比一比

（图 2-2-23）

（四）挑球射门

挑球射门发力比较突然，球在杆刃上停留的时间短，出球角度大，适于中近距离射门。如果对方守门员跪倒或躺倒防守，可以使用挑球射门技术将球从对方守门员身体上方挑入球门。

练一练

每人一球，在球门前 8 米处，进行原地挑球射门练习。

（五）垫球射门

进攻队员位于对方球门区附近，可以侧身背对球门，通过杆刃接住队友的射门来球，并变换角度将球导向球门，这就是垫球射门。接球时，运动员身体面向来球方向，在球触球杆的一瞬间握紧球杆转身射门。

四、守门技术

冰球赛攻防转换迅速，场上情况瞬息万变，两队实力相当时更是如此。守门员的技术水平对比赛的胜负往往起到关键的作用，因此，守门员必须具备果断快速的反应能力。

（一）站位

站位就是守门员在阻挡冰球射入球门时，身体所处的最佳位置。站位由正向面对、锁定角度和把握深度三个要素构成。

（二）基本姿势

防守的基本姿势分为站立式和蝴蝶式。

1. 站立式

防守时，守门员两脚开立比肩稍宽，膝盖和躯干稍向前弯曲，肩膀、膝盖和脚尖成一条直线；抓球手尽量张开保持身体平衡。守门员需注视来球，可以自由移动手位，杆刃要垂直立于冰面，以便控制挡球后球的走向（图2-2-24）。

（图2-2-24）

2. 蝴蝶式

蝴蝶式也叫开立式，是最有效的遮挡球门下方的守门技术。防守时，守门员要降低身体重心，同时保持上半身直立以遮挡高射球；抓球手和挡球板位于身体前方，杆刃在护腿前方约 25 厘米处，垂直立于冰面上（图 2-2-25）。

（图 2-2-25）

（三）防守

守门员完成的大多数防守都是应对性守门，在应对性守门时，守门员移动身体的一个或者多个部位来阻挡球的进攻。守门员完成的另外一种接球是阻挡性守门，如果守门员可以预判球的位置，在完成阻挡性守门的时候，就依靠提前准备好的体位来阻挡球进网。

防守分为蝴蝶式定点防守、蝴蝶式横向移动防守、挡球三种。

1. 蝴蝶式定点防守

蝴蝶式定点防守可以同时遮挡球门两个较低的角落，能够有效防御下方射门、假动作过人，是最有效的防守方法。

2. 蝴蝶式横向移动防守

蝴蝶式横向移动防守大多用于两种情况：一是对方球员配合横传射门；二是对方球员门前横向拉杆射门。

3. 挡球

挡球分为杆挡球和手挡球。

第三节　冰球及轮滑球运动战术应用

一、局部进攻战术

局部进攻战术是在进攻过程中两名或多名队员之间的区域配合技术，是整体进攻战术的基础，配合形式有二打一和三打二等。局部进攻战术的实施要求队员之间技术到位，配合默契，时机把握恰当，使战术取得实效。

二打一配合是两名进攻队员通过传球和跑位配合，突破一名防守队员的局部战术。二打一配合是集体配合的基础，可以在任何场区或位置上运用这种战术来摆脱对方的抢截或突破对方防线。二打一配合使用较多的有以下两种。

1. 直传斜插二打一配合

跑动接应的队员，要观察运球队员是否有意传球，然后再根据传球的方向和对方的防守位置，做准确接应。

2. 撞墙式二打一配合

撞墙式二打一配合是进攻中摆脱对方抢截、突破对方防守的一种配合方法。接球队员在接球后，以有利于进攻的角度，再回传给传球队员。

二、局部联防

局部联防常见的战术有底角二抢一和防区盯人换位。

1. 底角二抢一

在阵地战中进攻队员控球不稳的情况下，两名防守队员同时阻截获得球权就是底角二抢一。

在底角二抢一防守中，每名队员有相应的防守范围。防守队员应有预见性，随时观察对方的攻势，快速应变布置防守战术，一旦出现阻截的机会，防守队员需要迅速夹击进攻队员并完成阻截，另一名防守队员快速跟上拿球，组织进攻。

2. 防区盯人换位

防区盯人换位是盯人防守和换位防守两种战术的结合战术。

在守区边线，防守队伍经常会由盯人防守迅速转为换位防守，防守队员也可以根据教练要求，改变盯人对象。不管战术怎样变化，防守的原则都是控制内线。

第四节　冰球运动及轮滑球运动体能训练

一、体能测试

定期进行体能测试，可让运动员了解自身身体机能状况，以确定努力的方向，同时可帮助教练员掌握运动员的长处和短板，制订更科学、更有针对性的训练计划。

测试项目有身体形态、平板支撑、折返跑、立定跳远、引体向上、双脚测力板等。

二、赛前（训练前）热身

充分、适宜的准备活动可以提高球员的心率，让肌肉升温、预热软组织，帮助球员达到最佳状态。

热身分为动态热身和伸展型热身。

动态热身有车轮步、跑跳步、后踢腿、前交叉摆臂、前后摆臂、箭步蹲、侧蹲起、过头深蹲、髋部绕环、侧向摆髋、前后摆髋、爬虫伸展俯卧撑、高抬腿等。

伸展型热身有手臂绕环、直臂展体、单侧髋部绕环、宽距深蹲－体前屈向后伸展、肩部飞鸟、前平举横向箭步蹲等。

三、关节训练

关节训练方式有肩部绕环、髋部侧展、腰部三点支撑、膝部单腿时钟动作、踝部左右跳等（图 2-2-26）。

（图 2-2-26）

四、有氧训练

通过专项有氧训练，可以增强冰球运动员的心肺功能。专项有氧训练分为无器械训练和器械超级组训练。无器械训练包括深蹲跳组合、箭步蹲组合、抛接球组合、短距离折返跑、平板支撑变体等。器械超级组训练有皮筋、哑铃、杠铃、单杠等训练。

五、核心力训练

核心力训练总体包括脊柱相对静止和脊柱发生弯折的两类核心肌群训练。核心力训练是球员稳定地持杆控球和持杆大力射门的基础。训练方式包括仰卧举腿、平板支撑、单腿臀推、卷腹、反向卷腹等。

六、平衡能力训练

平衡能力训练包括单腿蹲、立式小燕飞、单腿跳箱加摆杆、单腿站立抛接球等。

七、协调能力训练

对冰球及轮滑球守门员来说，手和眼睛的配合是成功接球的关键，滑行技术也能决定射门成功率。为了更好地完成以上动作，协调性训练也是必不可少的。训练方式包括弹力球抛接、抓反弹球、激光笔墙面触点等。

八、耐力训练

耐力训练是冰球及轮滑球体能训练的关键环节之一。

1. 前锋和后卫耐力训练

前锋和后卫耐力训练有 40 米横向跨步跑、网球增距冲刺跑、起跑触人、锥体折返跑、影子快跑、镜面模仿训练、20 米方形敏捷性训练等方式。

2. 守门员耐力训练

守门员耐力训练有 20 米横向跨步跑、10 米方形敏捷性训练、反向起身冲刺跑、敏捷性抛球弹跳训练、跪姿起身 5 米冲刺跑、横向跨步接抛球等方式。

九、专项力量训练

冰球及轮滑球作为高强度对抗的集体球类项目，对球员的肌肉力量要求很高。专项力量训练也是为后续的爆发力和速度训练打下基础。专项力量训练分为器械训练和无器械训练两种。

器械训练可以使用实心球、药球、平衡球、皮筋、壶铃、哑铃、杠铃、单杠等进行训练。无器械训练分为以下三种。

1. 核心力量训练

核心力量训练包括 V 形起坐、T 形平板转体、平板支撑变体、X 形起坐、自行车卷腹、俯卧挺身、平板单臂划船等。

2. 上肢力量训练

上肢力量训练包括瑜伽式俯卧撑、交叉式卷腹、肩推式伏地挺身、反向环背、平板式划船、俯卧撑转跪姿撑体、对角线低至高砍球、对角线高至低砍球、水平砍球和负重走等。

3. 下肢力量训练

下肢力量训练可以通过自重交叉上步、自重多向箭步蹲、保加利亚分腿蹲和侧蹲、自重快速深蹲、蛙跳、蛙蹲和靠墙静蹲等方式进行。

十、速度和机敏性训练

速度训练分为加速能力训练和减速能力训练。机敏性训练主要训练球员迅速转换方向的能力。提升这两项能力对球员实力的提升起着关键作用。

速度训练可以通过后踏步冲刺跑、跳箱、跪姿起身冲刺、三连跳、胸前推球、冲刺追逐等方式进行。机敏性训练可以通过横向镜面练习、四角触地、后抛跳、三距俯卧撑、互动跑等方式进行。

十一、放松

放松和热身一样是必不可少的训练环节，它有助于让运动员降低心率，放松紧绷的肌肉，加速体能恢复。放松包括动态放松、动静态结合放松（图2-2-27）以及器械（泡沫轴、筋膜枪等）放松三种。

（图 2-2-27）

十二、冰球及轮滑球运动中的运动损伤

冰球运动员在冰上快速滑行时速度可达每小时 40 千米，运动员在滑行过

程中可能因与冰球场周围的坚硬木板、其他运动员及高速飞行的冰球等发生激烈碰撞而受伤。轮滑球比赛的整体速度略慢一些。下面介绍一下冰球运动中常见的损伤。

（一）肌肉拉伤

在儿童和青少年的比赛中最容易出现的问题是髋关节内收肌拉伤。

为了有效地预防髋关节内收肌拉伤，可从髋关节活动度、内收肌的力量和软组织柔韧性着手训练。

（二）头颈部损伤

头颈部损伤占儿童和青少年冰球运动员总损伤的 20%—30%。其中，脑震荡是最常见的损伤，大多数脑震荡是由碰撞造成的，临床表现为短暂性昏迷、逆行性遗忘以及头痛、恶心和呕吐等症状，神经系统检查无阳性体征发现，是最轻的一种头部损伤。60%—80% 的脑震荡运动员能在一个月内康复，没有继发性并发症，但如果处理不当，脑震荡会产生并发症，在极少数情况下还会导致运动员死亡。

第五节　冰球运动竞赛规则

一、冰球比赛规则

冰球比赛每队有 20 人，双方上场各 6 人，这 6 人分别是守门员、左后卫、右后卫、左前锋、右前锋和中锋。运动员穿冰鞋，手持冰杆，身穿国际冰联规定的护胸、护肘、护裆、护腿、头盔等护具。比赛每进 1 球得 1 分，每场比赛 60 分钟，分 3 局进行，每局实际比赛时间 20 分钟，每局中间休息 15 分钟。比赛进行中可以不通过裁判随时替换队员和守门员。

运动员不许用球杆打人，用杆刃刺人或用杆柄杵人、钩人，不准抱人、绊人、横杆推人，不许抛扔球杆和用肘顶人，不许用脚踢人，不许干扰裁判员和工作人员。违者裁判根据情节给予小罚、大罚、取消比赛资格、罚任意球等处罚。防守队员可以用肩、胸、臀部对控制球的进攻队员进行合理冲撞，也可用身体贴挤和阻挡。

同队队员可在一个区域内互相传球，但不能从防区向位于前半场的同队队员传球，违者判为越区传球。攻队队员先于球进入攻区为越位。

轮滑球比赛规则与冰球基本相同，不同的是，比赛时上场队员为 5 人，因场地上没有蓝线或者防区，所以没有越位判罚。

二、官方冰球竞赛规则

（一）规则 1：比赛如何进行

（1）一场比赛包括 3 局，每局 20 分钟，还能根据需要进行加时赛和射门比赛。

（2）比赛得分多的队获胜。

（3）必须根据规则将球打入对方球门。

（4）身体冲撞是获得控球权的一种方式。

（二）规则 2：比赛时长

（1）常规比赛每局 20 分钟。

（2）每局比赛完成后休息 15 分钟。

（3）每局比赛完成后两支队伍交换场地。

（4）每局比赛（除了 5 分钟和 10 分钟的加时赛）开始前，必须重新整理冰面。

（5）60 分钟的常规比赛结束后比分相同时进行加时赛，加时赛时长可以为 5 分钟、10 分钟或 20 分钟，加时赛采用突然胜利法（下一个进球制胜）。射门比赛每队进行特定轮数的射门，如果仍然是平局，进行突然胜利法射门比赛。

（三）规则 3：计时钟

（1）计时钟倒计每局比赛时间。

（2）场内裁判吹哨示意暂停时，计时钟停止计时。

（四）规则 4：哨

当场内裁判吹哨示意停止比赛时，队员必须停止与对方队员的接触，并且不能碰球。

（五）规则 5：冰球

（1）冰球主体必须为黑色，并且由硬橡胶或其他经国际冰联批准的材料制成。

（2）冰球的尺寸必须为直径 7.62 厘米，厚 2.54 厘米。

（3）冰球重 156—170 克。

（4）印在冰球上的会标、商标和广告在冰球每一面上的面积不能太大，一般不超过冰球每一面面积的 35%。

（六）规则 6：热身

（1）热身期间不允许双方队员有身体接触，队员不能越过中区红线。如在热身期间违反这些规则，由监管热身的替补裁判员处理。

（2）热身期间的犯规可以在赛后被专门机构调查处罚。

（七）规则 7：球

（1）如果球在比赛中出现损坏则立即停止比赛。

（2）比赛中，如果场内出现比赛用球外的另一个球，比赛不会停止，直到发生球权转换或者错误地打到另一个球上。

（3）如果其中一队或者两队同时拒绝击球，场内裁判将停止比赛，并且在离停止比赛时球所在位置最近的争球点争球。

（八）规则 8：交换场地

（1）比赛开始，双方队伍应先防守离自己队员席最近的球门。

（2）两队每局必须交换场地。

（3）在室外冰场的比赛，第三局 10 分钟时暂停比赛，两队交换场地。

（4）加时赛不交换场地。

（九）规则 9：开始比赛

（1）比赛必须以场内裁判执行争球开始。

（2）每局比赛以在中心争球点开始。

（十）规则 10：判定争球点／总述

当比赛因为以下规则中具体列明的原因停止时，将在离最后击球最近区域内的争球点争球。

（1）如果比赛停止是因为某队违反两条规则（如高杆击球和有意越位），将在犯规队没有区域优势的争球点争球。

（2）如果两队都违反规则导致比赛停止（如高杆击球和有意越位），将在离比赛停止时球所在位置最近的争球点争球。

（3）当进攻球员在攻区内造成比赛停止时，将在中区最近的争球点争球。

（4）如果队员把球击中计时钟或中心区域上方的任何障碍物，裁判将在最近的争球点争球。

（十一）规则 11：判定争球点／判罚

（1）当队员被罚下导致比赛计时停止，将在人数少的队伍端区的其中一个争球点争球，或者在攻区蓝线外的两个争球点之一争球。

（2）如果进攻球员在攻区内争球时被判罚，将在被判罚队的守区执行争球。

（3）队员被判违例或者严重违例，接下来将在被判罚队的守区争球。

（4）如果同一次比赛停止期间两队均有判罚，将在最后犯规队的守区争球。

（5）当双方的判罚都被显示在计时钟上时，将在离比赛停止区域最近的争球点争球。

（十二）规则 12：判定争球点／受伤

（1）当队员受伤停止比赛时，将根据比赛停止时球的位置和哪队拥有球权决定争球点。

（2）如果受伤队员的队伍在攻区拥有球权，无论受伤队员位于哪个位置，将在攻区蓝线外的争球点争球。

（3）如果受伤队员的队伍在中区拥有球权，无论受伤队员位于哪个位置，将在两条蓝线之间比赛停止时离打球位置最近的争球点争球。

（4）如果受伤队员的队伍在守区拥有球权，无论受伤队员位于哪个位置，将在守区两个争球点之一争球。

（5）如果场内裁判受伤则立即停止比赛，并且将在比赛停止时离打球位置最近的争球点争球。

（十三）规则 13：判定争球点／守区

（1）防守队员在守区贴着界墙封锁住球，如果比赛停止，在比赛停止的一侧争球点争球。

（2）如果进攻球员往前射或传球，并且在中区被防守球员以任何方式将球反弹出界，将在中区离反弹到球最近的争球点争球。

（3）如果进攻球员往前射或传球，并且防守球员在守区以任何方式将球反弹打出界外，将在离反弹到球最近的端区争球点争球。

（4）如果攻队有意越位，将在其守区发生越位一侧的争球点争球。

（十四）规则 14：判定争球点／中心争球点

（1）以下情况在中心争球点争球。

①每局开始时；

②进球得分后；

③场内裁判错判死球后；

④两队球员在中区红线附近贴着界墙封锁住球；

⑤因替换守门员早入，犯规队获得球权后比赛停止在攻区半场时在中心点争球；如果在球达到中区红线之前比赛停止，将在离比赛停止所在区最近的争球点争球。

（2）当比赛不因任何队伍的原因在中区停止，将在蓝线间最近的争球点争球。

（十五）规则 15：判定争球点／攻区

（1）如果攻队球员在攻区沿界墙封锁住球，明显是为了停止比赛，将在攻区蓝线外比赛停止一侧争球点争球。

（2）如果攻队球员在攻区蓝线内将球射出防护玻璃，球没有碰到对方队员的身体或球杆，将在蓝线外离射球位置最近的争球点争球。

（3）如果攻队球员在攻区内将球射出防护玻璃，但球碰到对方队员的身体或球杆，将在蓝线内离最后碰球最近的争球点争球。

（4）如果攻队球员在场内任何位置射门，球未经反弹打到球门框任何部分并且出界，将在攻区内离射球位置最近的争球点争球。

（5）当攻队球员以高杆击球、踢球或任何其他被场内裁判或录像监门员认为非法的方式将球打入球门时，将在蓝线外争球点争球。

（6）当球因为直接反弹到裁判身上进入球门时，将在离球反弹到场内裁判最近的争球点争球。

（7）如果攻队球员在攻区碰撞球门脱离球门钉，并且未试图避免这个碰撞，将在离攻区最近的中区争球点争球。但是如果被防守队员推进球门框，将在攻区内的端区争球点争球。

（8）有 4 种情况是比赛停止在攻区蓝线内，但是争球在蓝线外。

① 如果场内一名或两名后卫或从攻队队员席下来的队员，在队员冲突期间进入攻区，超过端区争球圈的外边缘；

② 如果攻队球员将球射或弹出界，球没有以任何方式弹到球门或守队队员身上；

③ 如果攻队在攻区内高杆击球；

④ 如果进攻球员在球门区内主动建立位置。

（十六）规则 16：争球程序

（1）场内裁判必须在指定的 9 个争球点之一掷球。

（2）每队只允许一名球员参与争球。

（3）两名执行争球的球员必须正对对方的端区站位，相距大约一个冰球杆长度的距离，杆刃顶端静止放在争球点白色部分。在端区争球时，球员的冰刀必须位于各自的争球点标识里面，队员身体的任何部分都不可以侵占对方在争球点中线另一侧的空间。

（4）如果任意一方执行争球的球员和对方身体接触，将被驱逐出争球。如果边线裁判员无法区分哪名球员引起的接触则两名球员都将被驱逐。

（5）其他所有不介入争球的球员都不越位并且在预备位置，场内裁判才能开始掷球。

（6）在守区半场争球时，守队球员先放下球杆后，攻队球员必须也放下球杆。

（7）在中心争球点争球时，客队球员必须先放下球杆。

（8）所有不执行争球的球员冰刀必须在争球圈外（允许接触线）。球员的球杆可以放在争球圈内，但是球杆不能接触对方队员身体或对方球杆。

（9）球员的冰刀必须位于标志线的一侧（允许接触线）。球员的球杆可以放在标志线内，但是球杆不能接触对方队员身体或对方球杆。

（10）在蓝线之间，所有球员必须位于自己的一侧，与执行争球的球员保持合适的距离，并且在争球程序中不能自由滑行或影响、干扰争球程序。

（十七）规则 17：争球违例

（1）如果执行争球的一名或双方球员在指示下未能立即站位，场内裁判员可以给出第一次争球违例警告。

（2）在第一次争球违例警告之后，边线裁判员将告知（双方）犯规队，再次争球违例将对违例队进行小罚。

（3）如果不执行争球的其他球员过早进入争球圈，场内裁判员将停止争球程序。犯规队的争球球员将收到第一次争球违例警告。

（4）如果不执行争球的其他球员过早进入争球圈，并且球已经被掷出，将停止比赛并且重新争球，除非对方队伍得到球权。如果比赛停止，犯规队的争球球员将收到第一次争球违例警告。

（5）争球违例后不允许换人，除非发生了判罚而影响其中一队场上人数。

（6）如果球员通过踢球给队友而赢得争球，将停止比赛并重新争球。犯规队的争球球员将收到第一次争球违例警告。

（7）如果通过手传球赢得争球，将停止比赛并重新争球，手传球队的球员将收到第一次争球违例警告。争球中，如果球员用手套触球并且对方队伍得到球权，比赛将继续。但场内裁判员可以要求停止比赛。

（8）场内裁判员掷球后，双方队员不能在空中用手敲击或拍打球赢得争球。

（9）争球时，如果未执行争球的球员的冰刀在裁判员掷球前越过标志线属于争球违例。

（10）争球时，如果裁判掷球前，其中一方队员与对方队员的身体或球杆发生接触属于争球违例。

（11）如果争球违例过程中计时钟走表，必须在重新执行争球前补回时间。

（十八）规则 18：比赛暂停

（1）允许每队在比赛期间有一次 30 秒钟的暂停。

（2）比赛停止期间，只有教练员或者教练员指定的球员可以向裁判员请求暂停。

（3）场上的全部队员都可以在暂停期间回到各自的队员席。

（4）两队可以在比赛停止期间提出暂停。

（5）在射门比赛期间不能要求暂停。

（6）队员换人完成后不能暂停。

（7）争球违例后不能暂停。

（十九）规则 19：加时赛

任何必须分出胜负的比赛，如果常规比赛结束后是平局，必须增加 5 分钟或 10 分钟抑或 20 分钟的突然胜利法加时赛。

（二十）规则 20：射门比赛

（1）如果在突然胜利法加时赛中没有分出胜负，将进行射门比赛。

（2）射门比赛开始之前，清冰车将对比赛区域进行清扫。

（3）裁判员召集两队的队长到裁判区掷硬币决定射门顺序。

（4）守门员将防守与加时赛相同的球门。

（5）可以在每次射门完成后替换守门员；但在裁判员吹哨示意开始射门后，除受伤外任何原因导致的重新射门，球员和守门员都不能换人。

（6）每队派不同的球员交替射门，不必先明确球员人选，在裁判员吹哨示意开始射门前，任何时间都可以更换射门球员。

（7）所有登记在比赛记录表中的队员均有资格参加射门比赛，除了加时赛结束后而受罚时间还未结束的队员和被判严重违例或停赛的队员。这些队员在射门比赛期间必须留在受罚席或更衣室。

（8）如果在射门比赛后仍然是平局，那么会继续进行突然胜利法射门比赛。

（9）突然胜利法就是每队各派一名球员来射门，进球后决出胜负。

（10）如果在裁判员的催促下，教练员没有派球员射门或者球员拒绝射门，那么宣布本次"不进球"，对方球队将继续下一个射门。

（11）如果某队拒绝参与射门比赛，对方将赢得比赛。

（12）只有在对球是否越过球门线有疑问的情况下，裁判员才可以与录像监门员商量观看录像。

裁判员手势见图 2-2-28。

  暂停   好球   犯规缓判 违例和严重违例 用杆击打

 加速冲撞 背后冲撞 横杆推阻 肘顶人 场上多人 任意球

高杆　　　　　　钩人　　　　　　　　死球　　　　　　手传球

（图 2-2-28）

第三章 冰 壶

冰壶又称为掷冰壶或是冰上溜石，是一种以队为单位在冰上进行的投掷性竞赛项目，被喻为冰上的国际象棋，它考验参与者的体能与脑力，展现动静之美，是冬奥会比赛项目。

第一节 冰壶概述

冰壶起源于 14 世纪的苏格兰。由于苏格兰冬天比较寒冷，人们不得不放弃打高尔夫球，转向冰上溜石运动，这项运动很快流行起来。邻居对邻居、村庄对村庄，苏格兰人的整个冬天被冰上溜石运动占据。当时苏格兰每年会举行全国性的大型比赛，人们从四面八方赶到比赛场地，几千人在冰冻的湖面上比赛，场面异常壮观。随着时间推移，这种在冬天结冰的湖面上开展的投石运动，经过漫长的发展，演变成现在的冰壶运动。尽管现在冰壶运动在加拿大等国家都有开展，但当年苏格兰人对冰壶运动的热爱是现在任何国家都无法相比的。

知识窗

冰壶运动发展重要事件

1795 年，第一个冰壶俱乐部在苏格兰创立。

1955 年，冰壶传入亚洲。

1966 年，国际冰壶联合会成立，并于 1991 年改名为世界冰壶联合会，同时获得了国际奥委会的承认。冰壶曾于 1924 年、1932 年、1936 年、1964 年、1968 年、1992 年 6 次被列为冬奥会表演项目。

1993 年国际奥委会决定，从 1998 年长野冬奥会开始，冰壶被列入冬奥会正式比赛项目。在亚洲，冰壶运动从第五届亚冬会（2003 年）开始被列入正式比赛项目。

冰壶在中国的发展

1995 年，在世界冰壶联合会的大力推动下，由日本出人、加拿大出技术在中国举办了第一届冰壶培训班。冰壶运动由此传入我国，开始在自然条件较合适的东北地区率先开展起来。

1996 年至 1998 年，第二届至第四届冰壶培训班的举行，在东北地区掀起了冰壶运动的学习高潮。后来，随着日本与黑龙江省冰壶运动交流的深入，我国冰壶运动得到了进一步发展，我国冰壶运动的竞技水平也有了提升，与此同时，黑龙江省冰壶运动队代表中国第一次走出国门参加世界比赛。

2002 年，我国正式派代表队参加太平洋青年冰壶锦标赛；2003 年，在全国第 10 届冬季运动会上，冰壶项目首次成为正式比赛项目；2004 年，国家冰壶队走出国门到加拿大进行训练、比赛，同时聘请外教，这标志着我国冰壶运动与国际冰壶运动的接轨，同年我国女子冰壶队在太平洋冰壶锦标赛上获得世界锦标赛参赛资格。2005 年，我国女子冰壶队首次在世锦赛上亮相并取得第七名的成绩；2006 年世锦赛上女子冰壶队又获得第五名的好成绩；2007 年，我国成功举办了太平洋青少年冰壶锦标赛、亚洲冬季运动会冰壶比赛。

任务栏

利用网络资源，搜索我国在冰壶领域取得的成绩！

第二节　冰壶运动技术与教学

一、冰壶

冰壶（图2-3-1），由不含云母的花岗岩石研磨制成，周长约91.44厘米，高11.43厘米，重量（包括壶柄和壶栓）最大为19.96千克。冰壶的上下表面都是凹面。有些冰壶上下表面的凹度不相同，目的是使冰壶能较快或较慢地在冰面上滑动。

（图2-3-1）

小知识

由于数百年来长期开采，可供制作冰壶的花岗岩越来越少，使得冰壶价格极为昂贵。一套较好的冰壶售价为13万元左右，而一套一般的冰壶也需要6万元左右。

二、冰壶刷

冰壶比赛的冰道冰面与花样滑冰和短道速滑的冰面不同，不是完全平整的，最上面一层覆盖着微小颗粒。

运动员可以用冰壶刷刷冰面（图2-3-2），以改变冰壶与冰面的摩擦力，也可以调整冰壶的前进方向，使冰壶向着投掷的方向滑行。

（图2-3-2）

三、场地

冰壶比赛场地为长方形（图 2-3-3），可以通过划线标出场地范围，也可以通过在边界上放置隔板隔出场地。比赛场地赛道应用 100 毫米（宽）×100 毫米（高）的黑色海绵条围起，从海绵条内侧算起，场地长为 45.75 米，宽为 5.00 米。

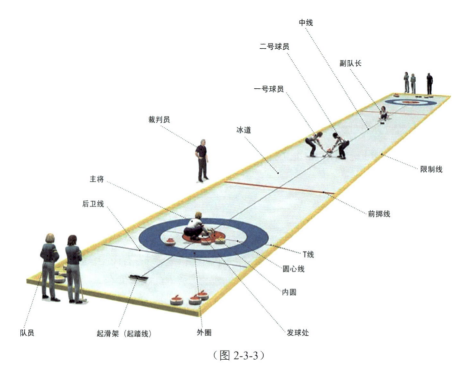

（图 2-3-3）

为增加壶与冰面的摩擦力，比赛前工作人员要在冰面上均匀喷洒水珠，冰面形成点状麻面。比赛中，冰壶投出后，运动员可为运动的冰壶刷冰，以增加滑行距离。

当现有的场地不够放置一个上述规模的赛道时，场地长度可减少至 44.50 米，宽度可减少至 4.42 米。

赛道内的冰面上要有清晰可见的标志线，标志线分为 T 线、后卫线、前掷线、中线、起踏线、限制线。线宽及颜色根据最新规则确定。

（1）T 线：线中心距离赛道中心 17.375 米，赛道两侧各有一条。

（2）后卫线：线边缘距 T 线中心 1.829 米，赛道两侧各有一条。

（3）前掷线：线内缘距 T 线中心 6.401 米，赛道两侧各有一条。

（4）中线：连接两条 T 线的中心，并向两端分别延长 3.658 米。

（5）起踏线：线长 475 毫米，与 T 线平行，位于中线两端。

（6）限制线：线长 152.4 毫米，距前掷线外沿 1.219 米，位于中线两端，与前掷线平行。限制线在赛道两侧以及左右两边各一条，并紧挨边线。

中心点即位于 T 线和中心的交叉点。以此为圆心，在赛道两端各有一个由四个同心圆组成的大本营，称为本垒和营垒。最大圆的半径为 1.829 米，第二大圆的半径为 1.219 米，第三个圆的半径为 0.610 米，最内圆的半径为 152.4 毫米。划线颜色根据最新规则确定。

四、冰壶规则

（一）冰壶比赛赛制规则

比赛由两支球队对抗进行。两队每名球员均有两个冰壶，即有两次掷壶机会。两队按一垒、二垒、三垒及主力队员的顺序交替掷壶，在一名队员掷壶时，由两名本方队员手持冰壶刷在冰壶滑行的前方快速地左右擦刷冰面，使冰壶能准确到达营垒的中心。同时，对方的队员为使冰壶远离圆心，也可在冰壶的前面擦扫冰面。球员掷壶时，身体下蹲，蹬冰脚踏在起蹬器上用力前蹬，使身体跪式向前滑行，同时手持冰壶从本垒圆心推球向前，至前掷线时，放开冰壶使其自行以直线或弧线轨道滑向营垒中心。掷壶队员在力求将冰壶滑向营垒圆心的同时，也可在主力队员的指挥下用冰壶将对方的冰壶撞出营垒或将场上本方的其他冰壶撞向营垒圆心。当双方队员掷完所有冰壶后，以场地上冰壶距离营垒圆心的远近决定胜负，比赛共 10 局，积分多的队伍获胜。

（二）冰壶比赛球员位置规则

为避免拥挤，比赛对球员的位置也有所规定。

非掷壶队：主将及副将可站立于标的端线后方，主将也可立于掷壶队主将之后。下一顺位的掷壶员可站在后板附近，而其他球员则可站在冰道底端之后或两前掷线之间。

掷壶队：持冰刷的主将（或副将）可立于标的营垒 T 线后方的任何位置。

主将应领导球赛。当队员掷壶时，主将应持冰刷站立，主将站立点应是队员投掷的目标。主将应指示冰壶的旋转方向及应滑行的距离，使队员了解应如何刷冰，因为刷冰可使冰壶增加滑行距离，同时减少冰壶行进的曲度。

（三）冰壶比赛计分规则

位置最接近营垒中心的冰壶的队伍得分，该队每个位于营垒中并较对手的冰壶位置更接近圆心的冰壶皆可计 1 分。

（四）冰壶比赛先后手规则

开局时双方各出一人投一壶，哪队冰壶距离圆心最近，哪队有权选择先后手，后手队伍在比赛中占优势。

比赛开局后，每局得分的一方在下一局变为先手，如果双方都没有得分，下一局的先后手与前一局相同。例如，如果某队第 9 局是后手，而这一局无人得分，那么某队在第 10 局还是后手。如果有队伍得分了，那么没得分的一方在第 10 局就是后手。所以，有的时候，第 9 局是后手的队伍，如果在第 9 局得不了高分（赢 2 分以上），就会选择把双方所有的冰壶都打出去，这样在第 10 局就依然能保住优势了。

（五）冰壶比赛刷冰规则

掷壶方的刷冰员可在自由防守区内为己方任何在移动中的冰壶刷冰。但在得分区，每队仅有一名球员可为己方的壶刷冰，并且仅有主将可为对方的冰壶刷冰。

（六）冰壶比赛受触球规则

当冰壶掷出正在滑行时，若掷壶方的球员（通常是刷冰员）不慎以身体、衣服或是冰刷碰触此壶，即视为受触球。在该冰壶完成滑行后，对方队伍可选择以下三种方式判定比赛结果：

（1）仍视该球有效。

（2）该球视为出局，并将所有受到该球碰撞的局内球放回原位。

（3）估算若该球未受碰触，场中其他球的位置应会如何，并将场中各球移至估算的位置。

（七）冰壶比赛违例规则

犯规、无礼的语言、滥用装备器材，或是任意伤害任何参赛队成员的行为都是被严格禁止的，冰壶组织可对违例队员进行停赛处理。

五、冰壶基本技术

（一）准备姿势

1. 握壶方法

四指朝下，轻轻握在冰壶柄下方，拇指搭在冰壶柄上方，手腕放松（图2-3-4）。

（图 2-3-4）

2. 出手姿势

朝 12 点钟方向掷出壶后保持握手姿势（图 2-3-5）。

（见图 2-3-5）

（二）投壶姿势

右手投壶时，左脚在前，右脚在后，并蹲低身子，左胯带动膝盖和脚尖向左侧旋转约 45°，左手位于身体左前方，可扶膝或持助滑器，右手持壶位于身体正前方，身体端正，后背与地面呈平行状态。

注意！

> 投壶应在发壶区进行，每次投壶前应先观察场地上壶的位置，确定投壶路线，再作投壶准备。
>
> 投掷冰壶时，不能把冰壶掀起投壶，不得用手握拿壶柄之外的部位投壶。
>
> 投掷冰壶时，脚应踩踏在脚踏板上以便发力；壶柄应朝向后方，防止手影响冰壶的前进方向。

第三节　陆地冰壶

一、陆地冰壶简介

陆地冰壶是中国冰壶协会根据冰壶项目的特点，联合相关单位共同研发的冰壶替代项目（又名地壶球），也是为了迎接北京 2022 年冬奥会，响应习近平总书记带动 3 亿人参与冰雪运动号召，使冰壶运动从冰上走向陆地，不受季节、场地、设备的制约而研发的项目，旨在更好地推广冰壶项目，发扬冰壶精神，培养大批冰壶后备人才，为冰壶运动发展和冰雪运动的推广普及奠定基础。

陆地冰壶是冰壶运动的陆地版本，与冰壶的比赛规则基本相同，它保留了冰壶运动的重要特质，又打破了冰壶运动的场地限制，是冰雪运动发展的创新项目。

二、场地与装备

1. 场地

旱地冰壶（图 2-3-6）赛道长 9.7 米，宽 1.6 米，赛场分为大本营（营垒）、底线、投壶区、中线、T 线，附守线等。

赛道

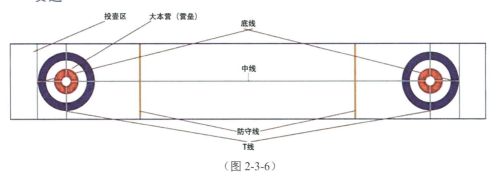

（图 2-3-6）

2. 装备

陆地冰壶装备有地壶球（一组有 16 个，分红色和黄色两种颜色：每队 8 个壶；每个壶重 1.2 千克，壶身直径为 17 厘米，壶底有三个滑轮）、赛道、赛道刷、推杆、清洁套装、便携式拉杆包、旱地冰壶鞋等（图2-3-7）。

（图2-3-7）

三、陆地冰壶规则

（1）每场比赛打5局，每局比赛共投16个壶。

（2）每场比赛由两支球队对抗进行，每队8名球员。每局每名球员可以投掷1次，一局比赛8人，两支队伍共投16壶结束。

（3）比赛时双方队伍轮流在赛场上将地壶球推入营垒。

（4）投掷队员力求将地壶球推向圆心，也可将对方地壶球撞出圆心或将本方地冰壶球撞向圆心。

（5）双方队员投完所有地壶球，以场地上地壶球距离营垒圆心的远近决定胜负，每壶积1分，积分多者为胜。

四、陆地冰壶基本技术

1. 预备立姿要领

队员进入发壶区，双脚开立距离约30厘米，不得踩踏发壶区前端线或发壶区的边线（图2-3-8）。

（图 2-3-8）

2. 后撤步要领

助力腿后撤时，双脚脚尖需正对地壶球与目标点（图 2-3-9）。

（图 2-3-9）

3. 预备跪姿要领

身体下蹲，上身直立，然后微调姿态，稳定跪姿后，执壶时上身可稍微前躬（图 2-3-10）。

（图 2-3-10）

4. 持壶要领

持壶时，壶柄要朝前，四指轻勾壶柄，大拇指贴靠其余四指，掌心空握（图 2-3-11）。

（图 2-3-11）

五、陆地冰壶基本战术

从陆地冰壶比赛目的来讲，投掷环节既是技术，又是战术，因为战术决定了如何投壶，而投壶是否准确又取决于技术能力。

投壶战术可分为以下几种。

（1）拉引击壶：将地壶球掷在（得分区）营垒内。

（2）防卫击壶：将地壶球掷在拦线和得分区之间的自由防守区内，防止对手的投壶进入大本营。

（3）敲退击壶：将己方的地壶球放在一个或是多个已经在营垒内的壶前面。

（4）晋升击壶：将一个在自由防守区内的地壶球撞入营垒。

（5）射击移位掷壶：将对方的地壶球撞出营垒。

六、陆地冰壶投壶练习方法

1. 投壶动作练习

两人一组在场地两侧相对投壶（图 2-3-12）。

要求：①抬头向前看。

②每次投壶都要注意动作规范。

（图 2-3-12）

2. 精准度练习

设定投壶目标，练习精准度（图 2-3-13）。

要求：在对面营垒附近随机设置目标，朝目标多次投壶，练习投壶的精准度。

（图 2-3-13）

3. 模拟比赛

比赛是练习的最佳方法，队员通过反复的模拟比赛来不断应对比赛中出现的各种情况，可以快速提高冰壶队员的技术（图 2-3-14）。

（图 2-3-14）

七、运动特点

旱地冰壶相对于传统冰壶运动只能在冰上进行、入门技术要求高、学习周期长等问题，具有占地面积小、易于学习和掌握、不受季节影响等特点。只要场地平整光滑，室内外均可随时开展学习、训练、比赛，对冰壶运动在我国的普及起到了积极作用。

旱地冰壶动静结合，注重技巧，无须碰撞，对体能没有过多要求，讲究合作与策略，可以锻炼参与者的身体柔韧性和对力量的控制能力，同时也可以提高应变能力和判断能力。

第四章 滑　雪

第一节　滑雪运动概述

滑雪是运动员把滑雪板装在靴底上在雪地上进行速度滑行、跳跃和滑降的竞赛运动。

一、人类滑雪的历史起源

小故事

滑雪运动有着悠久历史。"滑雪"这个词始于古挪威语"skith"（雪鞋）。据考证，早在 5000 年前，北欧、西伯利亚、乌拉尔山脉周围和中亚细亚、中国的北部地区等地已有人滑雪。在挪威的北极圈附近，发现了石器时代残留的岩壁上刻绘着两个乘滑雪器具打猎的男人。在瑞典也发现了 11 世纪的石碑上刻着手持弓箭乘雪板的猎人。英国的赫里福德大教堂内有一幅 1820 年的古画，画着一个站在雪板上的挪威人和一个驾驭马车的中国人。

在 2015 年 1 月 18 日闭幕的中国阿勒泰国际古老滑雪文化交流研讨会上，来自挪威、瑞典、芬兰等 18 个国家的 30 余位滑雪历史研究专家联名发表《阿勒泰宣言》，认同中国新疆阿勒泰是世界上最古老的滑雪地域。新疆阿勒泰是人类滑雪最早起源地的说法首次得到国际公认。

二、滑雪运动的演变历程

滑雪虽然起源于阿勒泰，但是真正将其发扬光大的还是北欧诸国，尤其是挪威和瑞典，它们才是"滑雪文化"的真正发源地。

材料探究

> 　　滑雪最初是人类为了适应寒冷多雪的自然环境掌握的生存技能，逐渐与人们日常生活、交通运输、狩猎等活动相融合，并慢慢形成了最早的滑雪项目"越野滑雪"。
>
> 　　14—16 世纪，欧洲连年战乱，挪威、瑞典等北欧诸国都把滑雪当作一种必备的军事能力。
>
> 　　1733 年，挪威的阿玛霍尔森出版了世界上第一部《滑雪指南》。
>
> 　　1840 年，挪威的努尔海姆发明了现代式滑雪板。
>
> 　　1880 年，挪威的克里斯蒂安尼亚创立了世界第一所滑雪学校。
>
> 　　1809 年，一位名叫赖伊的挪威士兵展示了自己的勇气，通过加速滑行，在空中起跳，最高达到了 9.5 米。后来这种运动逐渐演变成了"跳台滑雪"，赖伊也成为第一个被人们熟知的跳台滑雪者。
>
> 　　随着这项运动的广泛开展，滑雪项目脱离了最初的生存和军事意义，逐渐演变成了一种具有表演和竞技特性的运动。

依据材料，探究滑雪运动的演变历程。

（滑雪运动的演变过程：实用→军事→竞技）

三、滑雪的种类

滑雪有高山滑雪、越野滑雪、自由滑雪，还衍变出了花样滑雪、跳台滑雪、登山滑雪等多种类型。滑雪从比赛赛事类型又分大回转、小回转和超级大回转、降速赛。现在又开始流行单板滑雪。

开眼界

滑雪与奥运的关系

1924年，法国夏慕尼举行了首届冬季奥运会，北欧滑雪被列入了比赛项目。1936年，在第四届冬季奥运会上又增加了高山滑雪项目。

世界性滑雪赛，除冬季奥运会之外，还有世界锦标赛和世界杯赛。世界锦标赛于1925年在捷克斯洛伐克的约翰尼斯拜德举行，其后每年举行一次，第二次世界大战期间中止，1948年恢复赛会以后，每隔一年举行一次。到奥运会年由奥运会成绩代替。首届世界杯赛于1967年在智利的保蒂罗举办，高山滑雪和越野滑雪分别举行。高山滑雪从每年的12月到第二年的3月份，在世界各地连续比赛，按照多次赛会的综合成绩选出当年杯赛的优胜者。

四、我国滑雪运动的开展情况

20世纪初，近代滑雪运动从俄罗斯和日本传入我国东北地区。

20世纪60年代，我国第一次全国滑雪比赛在吉林通化举行。其中，高山滑雪设有男、女两个组别的滑降和回转两个项目。

1980年，我国首次参加冬奥会并参加了速度滑冰、花样滑冰、越野滑雪、高山滑雪和冬季两项（越野滑雪和射击相结合的项目）五个项目。

北京申办2022年冬奥会后，大量中小型滑雪场建成，滑雪度假区也开始出现。

问题

如今，在中国滑雪协会和业界专家、学者的倡导下，民众逐渐意识到传承和发展滑雪文化的重要性。除了新疆阿勒泰地区的纪念活动，国内以冰雪为载体，以民俗、文化为主题的滑雪文化活动日渐增多，你知道的都有哪些呢？我们共同分享一下吧！

"哈尔滨冰雪节""长春瓦萨冰雪节""吉林国际雾凇冰雪节""内蒙古满洲里冰雪节""阿尔山国际冰雪节""鸟巢欢乐冰雪季""老君顶冰雪嘉年华""紫云山滑雪公开赛""北戴河新区冰雪运动会"等都是极具代表性的欢庆活动。随着人们对滑雪文化认知度的提高，在南方也出现了"南国冰雪节"等活动，这标志着我国民众正在积极主动地发展滑雪事业。

第二节　滑雪运动技术与教学

一、滑雪装备的使用

滑雪装备包括滑雪鞋、滑雪板、固定器、滑雪杖、滑雪镜、滑雪服、手套等。

滑雪是一项速度很快的运动，因此对滑雪鞋的要求很高，滑雪鞋必须合脚。

初学者最好选用连体式滑雪服，滑雪手套应选不透水和保暖性好的面料，滑雪头盔也要选择一次性成型的 PC 材质的头盔。

因为初学者很容易摔倒，选择连体式滑雪服可以避免雪进到衣服里。初学者还应使用短一点的滑雪板，滑雪板太长的话，初学者在学习转弯和减速时难度较大。

不管是不是初学者，在使用滑雪板前都要先检查固定器是否能正常使用。

二、基本的滑行技术与方法

1.基本的站立姿势

从站立姿势开始，两手握杖，将双脚落于脱离器上，打开双脚与肩同宽，双膝前顶，重心落小腿上，略微屈膝，上半身略微前倾，目视前方（图 2-4-1）。

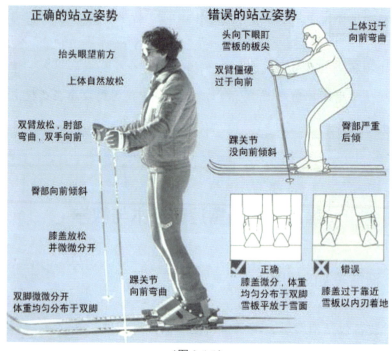

（图 2-4-1）

2. 平地滑行姿势

平地滑行姿势分为以下三种：一是将滑雪板做交替步车走步式平行滑出；二是滑雪杖落于身体侧后方平行滑出；三是滑雪杖落于身体侧后的同时将滑雪板做交替步呈走步式外八字滑出。

3. 摔倒后站起来的方法

摔倒后站起来时的要领见图 2-4-2。摔倒后，轻微活动身体，检查自己是否受伤并确认滚落的方向。

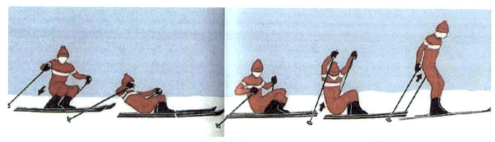

（图 2-4-2）

4.八字登坡的方法

在基本站立姿势的基础上，身体正对滚落线，双板呈外八字形状，双膝内旋使双板的内刃立起与雪面形成夹角，双手在身后执滑雪杖的杖头（像老人挂拐棍的姿势），双板轮流交替向上蹬行（图2-4-3）。

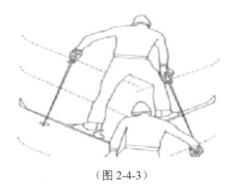

（图2-4-3）

5.犁式制动

在基本站立姿势的基础上，双脚呈A形立于雪道之上，双膝稍弯，身体的重心放在两滑雪板之间，滑雪板与雪地保持一定切入角（图2-4-4）。

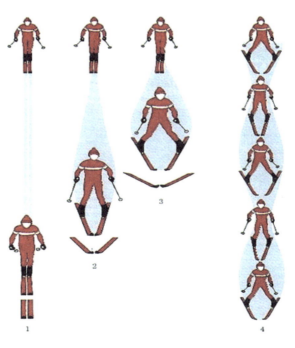

1
2
3
4

（图2-4-4）

6. 犁式转弯

在正常滑行的基础上，将重心压于左侧腿，同时将膝盖内扣，身体自然就会右转，将重心压于右侧，同时将膝盖内扣，身体自然就会左转（图2-4-5）。

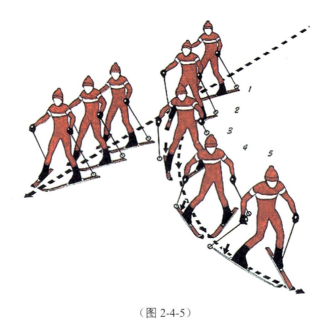

（图 2-4-5）

7. 平行滑降滑行及急停

在基本站立姿势的基础上，双滑雪板呈平行滑行的状态，自上而下滑行。滑降的技术要点是用腿部的屈伸调整动作并保持正确的滑行姿势。在急停时，雪板要打开呈大 V 形（图 2-4-6）。

（图 2-4-6）

第三节　滑雪运动体能训练

一、针对助滑及起跳阶段的体能训练方法

1. 平衡软垫哑铃双臂前上举

要领：双脚站在平衡软垫上，保持身体直立，双手持哑铃前上举。在完成动作的过程中手臂伸直，肩、髋、膝关节充分伸展，保持身体稳定。

2. 平衡软垫伸髋伸膝哑铃双臂前上举

要领：双脚站在平衡软垫上，保持屈髋屈膝，双手持哑铃保持与大腿平行，然后进行伸髋伸膝双手持哑铃前上举。

以上两组动作主要锻炼运动员助滑时伸髋伸膝的能力，以及身体保持平衡、稳定的能力。

二、针对空中及转体阶段技术环节的主要体能训练方法

1. 仰卧瑞士球左右转体练习

要领：身体仰卧在瑞士球上，两腿伸直，勾脚尖，脚后跟着地，髋、膝、踝、头在同一水平线上，双臂伸直垂直于身体，双手向右转到最大幅度，再向右转到最大幅度，每侧重复8—10次。在练习过程中，手臂不动，依靠上体的转动完成动作，在转体过程中身体要保持平衡、稳定。

2. 仰卧瑞士球弹力带并腿压臂练习

要领：仰卧在瑞士球上，单侧腿系弹力带，双臂向后拉直弹力带，手臂向身体正侧面和前侧做压臂动作。在练习过程中，依靠全身肌肉的协调配合完成动作。

以上两组动作主要锻炼训练者的腹直肌、腹外斜肌、腹内斜肌以及大腿肌群、臀部肌群，在锻炼训练者转体用力能力的同时，也能锻炼身体保持平衡、稳定的能力。

三、针对落地阶段技术环节的主要体能训练方法

1. 原地负重股四头肌离心训练

要领：运动员穿戴沙衣，双手手持哑铃于耳部两侧，站在平衡软垫上，做下蹲动作。练习时下上身不要前趴，避免弓背弓腰，两膝盖不要内扣或外展。

2. 负重落地模仿练习

要领：运动员穿戴沙衣，屈髋屈膝半蹲，手持哑铃与大腿平行，由跳箱上跳下，做落地的模仿练习。做落地动作时，先做正面下落的模仿动作，然后做转体 180° 和转体 360° 的落地模仿动作。

以上两组动作主要锻炼运动员股四头肌离心缓冲能力，以及落地时对身体的控制能力。

四、滑雪运动损伤与预防

滑雪运动中最容易损伤的是膝关节，因为运动过程中不断地做滑降和回转动作，膝关节需要反复屈伸、扭转，如果屈伸扭转的范围超出了膝关节可以承受的角度，或者瞬间转向时扭力过大，有可能造成前交叉韧带损伤、内外侧韧带损伤、半月板损伤等。伤者会出现明显的膝关节疼痛、肿胀、瘀血、活动受限等症状。

拓展空间

在滑雪过程中摔倒后，如发现膝盖不适应该马上停止活动，再观察伤情。若出现剧痛、肿胀或短时间内膝关节无法正常活动，则应让患者保持原地不动，等待专业医护人员的到来。患者在等待的过程中可以适当抬高患肢，可对患肢做冰敷处理。若患者痛感不强，膝关节可以正常活动，则可以适当休息后再参与运动。

问题：冷敷还是热敷？出现损伤我们该如何处理？

在运动中身体难免会出现运动损伤。当损伤处出现红肿且为闭合性损伤时，通常要及时对患处进行冷敷，冷敷能达到止痛的效果，并且可以使患处附近的血管快速收缩，防止肿痛继续加重。热敷通常是在受伤 24 小时之后，促进患处血液循环、加速肿胀的消散的一种处理手段。

第四节 滑雪运动竞赛介绍

滑雪运动有许多项目，本节介绍跳台滑雪、回转高山滑雪、北欧两项和越野滑雪的相关知识。

一、跳台滑雪

跳台滑雪的基本技术分为 5 个部分：助滑、起跳、空中飞行、着陆、终止区滑行。

助滑：运动员沿着助滑道加速下滑。

起跳：当运动员以 25 米每秒或更快的速度下滑至台端的起跳板时，奋力一跳，身体飞向空中。

空中飞行：为了减少前进的空气阻力和增加升力，身体应与双滑雪板平行，与水平面成 8°—10° 的倾斜角沿着抛物线轨迹向前飞落。

着陆：与飞机着陆相似，经缓冲，双脚平稳而安全地落在着陆坡上。两腿应一前一后呈弓箭步以减少冲击，两臂侧平举保持平衡并继续下滑。

终止区滑行：在下滑通过 K 点（着陆坡转为平地处）后，尚需保持平稳，继续滑行并可做适当的制动减速动作（有的场地此段为逆坡滑行自动减速），最后以急停动作停止在终止区。

二、回转高山滑雪

回转高山滑雪也称回转滑雪或回转障碍（图2-4-7）。

（图 2-4-7）

比赛在覆雪的山坡上进行。线路坡度为 20°—27°，部分很短的坡度可以小于 20°和超过 30°，长度男子为 600—700 米，女子为 400—500 米，宽度至少 40 米。起终点高标差男子 180—220 米，女子 140—180 米。

线路上设置多种形式的旗门，旗门由两面 40 厘米×40 厘米的旗组成，旗的颜色有红色和蓝色两种，旗门宽 4—5 米，两门相距 15 米左右。一组门旗用同一颜色，线路两侧各插一面叫开口门，与前进方向平行的两面旗叫闭口门。以开口门、闭口门为基础可以组成蛇形门、三角门等多种门形。运动员在滑行时碰倒旗杆不算犯规，漏门或骑杆过门则属犯规，不计成绩。比赛过程中，沿线路用红蓝两色旗交替组成多种门形，运动员下滑时必须连续转弯方能通过旗门。比赛前运动员可以由下往上察看线路，但不得由上向下模拟滑行。

三、北欧两项

北欧两项，又称滑雪两项全能，是由 15 千米越野滑雪和 70 米跳台滑雪两项组成的冬季运动会项目。比赛规则基本上与越野滑雪和跳台滑雪单项比赛的规则相同。第一天先进行跳台滑雪比赛，运动员跳 3 次，取其中成绩较好的 2 次计入成绩；第二天再进行 15 千米的越野滑雪比赛。

比赛规则规定，运动员两个单项的成绩换算为得分，再计总成绩和排列名次。70 米跳台的飞行距离超过 60.5 米时，每米分值为 1.6 分。15 千米的越野滑雪比赛按名次计分，第 1 名计 220 分，第 2 名及以后的运动员计分按一定的比例递减。

四、越野滑雪（滑轮）运动

越野滑雪（滑轮）是一项极具挑战性的运动，需要选手在不同的地形和环境中进行滑行和竞速。为了保证比赛的公平性和安全性，越野滑雪（滑轮）比赛有着严格的规则和要求。

（1）比赛场地

越野滑雪（滑轮）比赛通常是在山地、森林或者荒野等自然环境中进行。比赛场地需经过专业人员的评估和设计，应具有一定的难度和挑战性。

（2）比赛装备

越野滑雪（滑轮）比赛需要选手配备专业的装备，包括滑雪板、滑轮、头盔、护具等。

（3）比赛规则

越野滑雪（滑轮）比赛分为男子组和女子组，每组选手数量不得超过 30 人。比赛分为多个赛段，采用计时赛制，每个赛段的起点和终点都有明确的标志，选手需要按照规定的路线和标志在规定的时间内完成比赛。

选手在比赛过程中需要遵守比赛规则，保持安全距离，不得影响其他选手的比赛，需要遵守裁判的指示和判决，不得对裁判实施不当言论或者行为，不得采取任何不正当手段影响比赛结果。

（4）比赛评分

越野滑雪（滑轮）比赛的评分主要根据选手的滑行时间和滑行技术进行评定。选手的滑行时间越短，得分越高；选手的滑行技术越好，得分越高。

（5）比赛安全

越野滑雪（滑轮）比赛是一项高风险的运动，比赛安全至关重要。比赛组要确保选手的安全，需要配备专业的救援人员和设备，及时处理比赛中出现的意外情况。

第三单元

校园冰雪运动实践和创新

第一章　培育校园冰雪文化

第一节　冰雪课程探索

一、制定冰雪运动教程

根据学生身心发展特点，各学校可以制定学生九年体育课程建设体系，通过模块式教学，使学生在身体素质的敏感期得到针对性、完整性锻炼。

每年每班冰雪运动课时不少于6—8课时。同时，将冰雪知识、运动水平考核计入体育期末等级评定。

1. 学生身体的柔韧敏感期为5—8岁，协调敏感期为6—12岁，可以在一、二年级设置轮滑课程，用16课时完成基本轮滑技能的学习。

2. 学生身体的速度敏感期在9—12岁，位移敏感期为7—14岁，可以在三至五年级设置轮滑冰球或冰球课程，以室内教学、社团和校队训练相结合的方式完成教学，每周训练不少于3次，每次训练不少于90分钟。

3. 男子在12—16岁，女子在11—15岁进入身体的力量敏感期，可以在六至八年级设置陆地冰壶课程，以赛促练，确保学生熟练掌握运动技能。

二、引进赛事机制，夯实冰雪人才储备

各学校可以成立校级和班级冰雪代表队，组织参加各级各类比赛，可以每学期组织一次冰雪单项争霸赛，每年举办一次冰雪运动会，参加一次市区级以上组织的冰雪项目比赛。用常赛带长训，长训促勤练，为学校冰雪人才储备奠定基础。

第二节　冰雪活动探索

一、打造冰雪品牌活动

（1）学校可以围绕"健康河北·欢乐冰雪"主题，开展丰富多彩的冰雪文化活动，学生通过视频课堂、冰雪知识竞赛、冰雪文化进校园、冰雪主题班会等活动，从不同角度了解、参与冰雪运动，真正成为冰雪运动的参与者、创造者、传播者（图3-1-1）。

（图3-1-1）

（2）学校可以通过分批次组织师生到滑雪场及冰场进行真冰真雪运动体验活动，进一步拓展冰雪实践教学资源，让学生了解冰雪运动知识，掌握冰雪动作技能，感受冰雪运动乐趣（图3-1-2）。

（图3-1-2）

二、挖掘特色冰雪活动

（1）利用好学校现有场地，因地制宜地开展趣味冰雪活动，激发学生学习兴趣。如轮滑接力赛、雪地陀螺、雪地足球赛和雪地拔河（图3-1-3）、堆雪人比赛、击鼓传冰球、冰壶接力赛、雪雕和冰雕比赛（图3-1-4）等，并根据学生表现给予奖励。

（图3-1-3）

（图3-1-4）

（2）设立冰雪运动家庭奖，组织家长参与各类冰雪运动和比赛，形成学生带动家长参与冰雪运动的良性循环，让家长和孩子共同体验冰雪运动带来的快乐。

（3）面向身体素质好、对冰雪运动感兴趣的教师进行冰雪项目培训，并逐步扩大到对全部身体素质达标的教师进行培训。

（4）向社会逐步开放学校冰雪项目场地，形成以学校为龙头，带动全社会参与冰雪运动的新局面。

第二章　校园冰雪文化创新

第一节　创意设计

一、中学生组活动设计

1. 冰雪旅游文创产品设计

将冰雪元素与秦皇岛本地特有的海域风情和中华优秀传统文化等元素应用于文化创意产品设计中，作品可以是创意手造、创意工艺、创意摄影、创意美术、创意服装和饰品等（图 3-2-1）。

（图 3-2-1）

2. 冰雪运动防护具设计

制作模型或样品并展示，设计的防护用具需起到让冰雪运动参与者远离伤害的作用。

3. 冰雪运动项目交互模拟器设计

用交互模拟器设计冰雪项目场景，场景要能体现所选冰雪运动项目的主要特点。

二、小学生组活动设计

1. 绘画类作品

用多彩的画笔描绘欢乐冰雪季、冰雪嘉年华、冰雪强国梦（图 3-2-2）。

（图 3-2-2）

2. 手工小制作

陶艺创作、纸工及其他类型的工艺设计作品（图 3-2-3）。

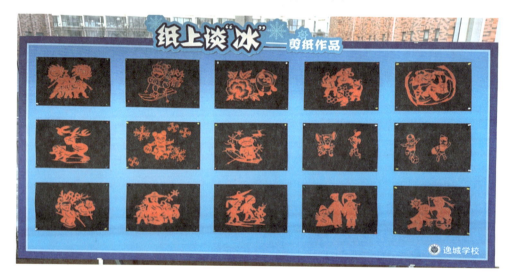

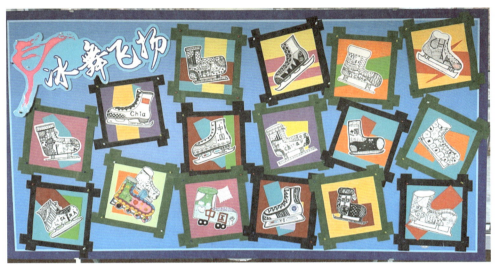

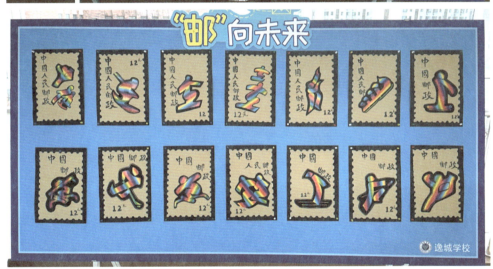

（图 3-2-3）

3. 摄影作品

摄影作品可以是学生的摄影作品，比如捕捉记录身边人观赛的精彩瞬间，也可以是家长拍摄孩子参与其中、感受冰雪氛围的画面。

4. 征文

可以写对冰雪项目的热爱，也可以写在后冬奥时代自己的一些心得和体会。

三、趣味冰雪活动设计

趣味冰雪活动的重点是对游戏内容和游戏规则进行设计，可在传统趣味冰雪活动基础上进行整合和创新，也可吸纳目前国际流行的时尚项目。趣味冰雪活动所用器材要便于制作、购买，具备安全性、竞技性、可操作性，所需场地要易于建设。

第二节　冰雪运动纵深发展

一、加深冰雪基地合作

学校可以与体校、专业俱乐部签约合作，建立校外教育培训基地，校队队员由指派教练执教，要保证训练时长，积极促进陆转冰、陆转雪工作。

二、提升专项人才培养

逐步由内部（学校与俱乐部）建立冰雪运动梯队，转向向外部（业余体校、知名高校、专业队等）输出人才，再跨区域向内招收特长生，拓宽学校运动人才的输入输出通道。

三、切实加强宣传引导

通过各种媒体向社会宣传校园冰雪运动和文化，对学校组织的各项冰雪活动进行跟踪报道，加强舆论宣传引导，营造社会关心、媒体关注、全员参与的良好氛围。